本書係「敦煌文獻系統性保護整理出版工程」項目成果

二〇二一—二〇三五年國家古籍工作規劃重點出版項目
「十四五」國家重點出版物出版規劃項目
國家古籍整理出版專項經費資助項目

中國國家圖書館藏
敦煌文獻

中國國家圖書館 編

第二二册

BD00291～BD00310

國家圖書館出版社

DUNHUANG MANUSCRIPTS IN THE NATIONAL LIBRARY OF CHINA

022

BD00291 ~ BD00310

compiled by the

National Library of China

National Library of China Publishing House

顧問　方廣錩　郝春文　榮新江　李際寧

編纂出版　張志清　魏　崇　陳紅彦　殷夢霞　薩仁高娃
謝冬榮　劉　波　林世田　廖生訓

編纂　林世田　薩仁高娃　常蓋心　于　瑞　劉毅超
劉　波　劉炳梅　周升川　劉　婷　程佳羽
沈艷麗　高　雅

編輯　潘　竹　程魯潔　黃　鑫　苗文葉

審稿　孫　彦　耿素麗　宋志英　鄧咏秋

凡例

一　本書刊布中國國家圖書館藏敦煌文獻，以館藏編號爲序編排。

二　館藏編號采用「BD+流水號」格式，如BD00001, BD16579等。背面在編號後加v表示。一個編號包含多件文獻者，編號後分别綴以字母A, B, C等。一件文獻含有多個内容者，以數字-1, -2, -3等標明順序。

三　圖版有縮印或放大處另加説明，尺寸超出本書幅面的以摺葉形式呈現。

四　卷軸裝、梵夾裝、經摺裝等裝幀形制的敦煌文獻，各附外觀圖像。

五　每件文獻依次呈現外觀、正面、背面等。背面僅刊布有文字、圖像或其他要素的圖版，而略去素紙部分，背面圖版同樣以從右到左順序編排。凡有外題者，遵從以上原則。

六　除個别特殊情況外，爲保證閱讀連貫、流暢，圖版儘量通欄呈現。

七　各葉上方附該件文獻全圖，以高亮形式顯示本葉大圖在全卷中的位置。部分長卷文獻全圖衹能分多段呈現時，在上段末以‹符標示下段接續。卷尾内容不足一葉時，文獻全圖使用該圖卷尾部分，亦以‹符標示。背面圖版文字與正面文字方向相反時，文獻全圖按原貌顯示，正文翻轉呈現，以便閱讀研究，用↻符標示。

八　文獻題名大體沿用中國國家圖書館此前所編多部敦煌文獻目録的考證，部分吸收學界最新研究成果略作調整和完善。文獻題名綜合參考原卷首題、尾題、外題確定，如原卷題名與該文獻正式名稱不同，則采用正式名稱；無題名者，或比定題名，或擬定新名。非漢文文獻在題名前標注語種。有分卷不同等其他情況者，括注於文獻名稱後。

九　本書著録使用通行繁體字，涉及原文中的人名、地名等，必要時保留原字形。

About this publication

1. The documents are presented in shelfmark order.
2. The shelfmarks are in the form BD plus a running number, eg. BD00001, BD16579, &c. If a given shelfmark contains multiple documents, these are distinguished by the letters A, B, C, &c. If a document has multiple contents, they are distinguished by the numbering 1, 2, 3, &c. The verso side of an item is indicated by the letter v.
3. If it has been necessary to reduce or enlarge the size of an illustration, the dimensions are indicated. If the size of an illustration exceeds the size of the book, a folding sheet is used.
4. If the document is a scroll, a folded sutra, or has a stitched binding, a picture of the whole object is provided to show its external appearance.
5. The cover, front, and back of each document are reproduced in sequence. The back of a document is only reproduced if it contains text, illustrations, or other markings, and it is oriented from right to left. If it is blank it is not reproduced.
6. Except in a few special cases, the lines of text are reproduced unbroken to make them coherent and easier to read.
7. An illustration of the complete document is reproduced at the top of each page, and the section where the main illustration appears is highlighted in order to indicate its position. If it has only been possible to reproduce a long scroll in sections, the direction symbol has been used to indicate where one illustration ends and the next one begins. If the end of the scroll occupies less than one page, the direction symbol is used to indicate its position in the illustration of the complete document. If the text on the back of the document has a different orientation from the text on the front, it is reproduced as it is, but is also rotated (indicated with the rotation symbol) so that it can be read easily.
8. The titles of the documents generally conform with those already established by the Library, but in some cases have been amended by drawing on the most recent scholarly research. The titles are derived firstly from the beginning of the text, then from the end of the text, and lastly from the cover. If the title of a document differs from its authoritative form, the authoritative form is used; and if a document has no title, one is either supplied by comparison with similar documents, or a new one is devised. If the document is not in Chinese, its language is indicated before the title. If the number of juan is different from that of the authoritative version, or if there are other irregularities, this is noted.
9. The documents in the book are in traditional Chinese characters. Where the title contains personal or place names, the original characters used for these names are retained.

(Translated by David Helliwell)

第二二册目録

BD00291-1 瑜伽師地論卷一〇分門記（擬）

（唐）法成 述 一真 記

BD00291-2 瑜伽師地論卷一一分門記（擬）

（唐）法成 述 一真 記

BD00291v 簽名

409.4cm × 29.8cm

十明行緣發引
十二明依佛發起分二　一問二答
□發起分二　一問二答　二依除三諦　七十
明因所生諸行分二　一標二釋　分七　如論十九
總結　第二明七種發起分二　一標
第三明五種發起分二　一標二列名
六種發起分二　一標七發起事
思惟　二依下中上三品　三總結　第二明
受四分別業分二　一下二上　二明諸行分二
二略答　三分別行分二　一下二上　未
初又分二　一明眼識分二　一問二答　分三
分二　一標二釋分三　一明識性　二明識因　三明果
發色界　第四明名色差別分三　一釋名
解釋分四　一釋受蘊分二　一問二答　二釋想
分二　一問二答　四釋識蘊分二　一問二答　二顯界
列名　二顯界　二明大種所造色分二　一問二答　分二　一明
顯界分二　一欲界二色界　三明差別分二　一標二釋分二　一因二果
六受差別分三　一明六受體分二　一明眼受分二　一問二答　分二　一明諸
二明業用　二列緣受分二　一明緣　二明業用　二明差別分二　一標二釋六

二門常用 二例條五受 分二 一門依 二門常用 二門差別 分二 一標 二釋 一
因二果 三配界 分二 一欲色 二通三界 第六門觸差別 分三 一門觸
分二 一門眼觸 分二 一問二答 二例條五觸 二門差別 分二 一標 二釋 分二 一因二果 三配界
分三 一欲界 二色界 三無色界 第七門受差別 分三 一門受自體 分二 一門樂
受 分二 一問二答 二門苦受 分二 一問二答 三門不苦不樂受 分二 一問二答 二配
界 分三 一欲界 二色界 三靜慮已下 二門差別 分二 一標 二釋 分二 一因二果
第八愛差別 分三 一門欲界愛 分二 一問二答 分二 一因二果 二門色界愛 分二 一問二
答 分二 一因二果 三門無色界愛 分二 一問二答 分二 一因二果 第九門取差別 分
二 一門取自體 分四 一門欲取 分二 一問二答 二門見取 分二 一問二答 三門戒禁取 分二
一問二答 四門我論取 分二 一問二答 二配界 分二 一非欲界 二三界 第十門有差別
分二 一門有自體 分二 一門欲有 二分 一問二答 分二 一門十有 二破門我 二門色有 分
二 一問二答 三門無色有 分二 一問二答 二分別十有 分二 一問二答
第十一門生差別 分二 一門解釋 分十 一門生 分二 一問二答 二門等生 分二 一問二
答 三門出生 分二 一問二答 四門成就 分二 一問二答 五門已生 分二 一問二答
六門得蘊 分二 一問二答 七門得界處 一問二答 八門得受 一問二答 九門
諸蘊 分二 一問二答 十門命根 分二 一問二答 第二門生物類義 分三
一問二答 分六 妙論 三結 第十二門老死差別 分二 一門老 分二 一解釋
分七 妙論 二門老物義 分三 一問一答 三結 二門死 分二 一解釋 九二異門 初
[illegible]

分七如論。二明老物變義分三：一問、二答、三結。二明死分二：一解釋、二異門。初
又十一位中，初二名所死，餘九名能死。後又一義是異門。二明死物義分三：一問、二答、三結。
第四明物諸。第五明緣次第分二：一染品次第、二淨品次第。初染品次第中
又三異門：一緣生起次第，第二緣三緣，第三緣三衆建立。初文分三：一問、二答
分十如論。三結。第二緣二緣立次第分四：一總標、二列名、三配二緣、四稍次
解釋分二：一明身緣分二：一因、二果。二明受境界緣分二：一因、二果。

第十明緣起

○第九廣明十二支法三種有緣門及六問答。第一問答標廣明云。次二一問，次三

明俱生緣，二明滅已前開緣，三明滅已經久緣。二答。次二一總答，二別釋。次三一明俱

生緣，二明滅已前開緣，三明滅已經久緣。○第二問答者緣引中無違云。次二一明

引已識作三種緣。次二一問，二答。次三一答俱生，二答前開，三答經久。三別廣。次四一

明識作名色緣，二名色作六處緣，三六處作觸緣，四觸作受緣。○第三解答

者緣受生云。次二一問，二答。次三一答具生，二答前開，三答經久。○第四問者

者緣受建立分二一問二答分三一答俱生二答應斷三答經久　第四門者
緣愛建立分二一問二答分三一答俱生二答應斷三答經久　第五門答者
緣取建立分二一問二答分三一答俱生二答應斷三答經久　第六門答者緣
有建立分三一明中作生緣分二一問二答分三一答俱生二答應斷三答經久
二例條三分別九分二一標二釋分二一明上首支二明遍攝支　第十門者三界門
中一問答分二一問二答　第十一明上首不緣門中一問答分四一問二依處明略答三例條四
不不爲上緣分四一略標二徵三答所以四結　第十二明法及彼法生彼生門中二問答
分二一明不緣本緣分二一問二答三明應常緣分二一問二答　第十三明緣應作者
生門中一問答分二一問二答　第十四明自擇續生門有一問答分二一問二答　第十五答
別四句門中十一問答　第一問答緣無明建立分別四句分二一問二答分四妙喻　第二
問答緣行中四行建立分別四句分三一問二答分四妙喻三例條　第三問答緣受
建立分別四句分二一問二答分二一標二釋分四妙喻　第四問答緣愛建立分別
四句分二一問二答分二妙喻　第五建立緣取建立分別四句分二一問二答分二妙
喻　第六問答緣有建立分別四句分二一問二答分二妙喻　第七問答緣生建立
分別四句分二一問二答分二妙喻　第十六明聖障門分二一問二答分四一緣正見明障
二緣正思惟正精進明障三緣正業語中明障四緣正念定明障　第十七明染淨門
分二一問二答分二一緣自性答二緣生受答分二一緣生受分二一明一向雜染生受二明
雜染生受二例條　第十八明還滅門中四問答　第一問答緣無明還滅分二一問二

雜染生支三例依 ○第十八明還滅門九四門答 第一門答依前明三還滅分二一門三一
答分二 一明滅因 二明滅果 ·第二門答依門明還滅 第三門答依識明還滅 分二 一門一答 分二 一明因 二明果 一明滅因 二明
滅果 二例依 分四 一依識名色例六受中三法 二例依前明門例依愛中四法 三依
小識例乃生三法 四依識名色和例生老死 ·第四門答依支明還滅分二 一門一答
○第十九明所顯門九 一門答 分二 一門二答 分二 一略答 二釋 解 一明一分所顯 二明全分所顯
○第廿明不分得起還門九 一門答 分三 一門三略答 三別釋 ○第廿一明少分得起勝利門
九一門答 分二 一門二答 ○第廿二明實物非實物門九四門答 ·第一門答依實物
·第二門答依非實物 ·第三門答依住 ·第四門答依住多 ○第廿三明少分得門九
一門答 分二 一門二答 ○第廿四明成業門九三門答 初依依戒 分二 一門二答 ·後依堅住
分二 一門二答 後依業住 分二 一門二答 ○第廿五明因果門九一門答 分二 一門三
非因 二門非果 三門因果雜事 二答 分三 一答非因事 二答非果事 三
答因果雜事 分二 一標 二釋 分三 一明因義 二明果 三明雜義 ○第廿六明愛非
愛果門九一門答 分二 一門 分二 一門愛非愛果境 二門身果 二答 分三 一答前
境果 二答後身果 三答二果因 ○第廿七明愛非愛門九四門答 第一依樂受
分二 一門二答 ·第二依苦受 分二 一門二答 ·第三依非苦樂受 分二 一門二答
第三依非苦樂受 分二 一門二答 ·第四依非受 分二 一門略答 二解
釋 ○第廿八明三苦攝門九三門答 初依壞苦 分二 一門二答 ·第二門依苦苦 分二 一門三
答 ·第三依行苦 分二 一門二答 ·三明具行非彼 二分二 一標 二釋 ○第廿九明生及等

荅。第三段門出分二：一問，二荅。三明且之門非彼二分二：一標，二釋。○第廿九明生及非
至門有一問荅。二荅分二：一總荅，二別釋分二：一標於所有中明有色可
得非色不可得，二釋於色界明非色可得有色不可得。○第卅明得離門有一
問荅分二：一問，二荅分二：一標，二釋。○第卅一明染惡非染惡門有一問荅分二：一問，二荅
分二：一總荅，二別釋。○第卅二明三界門有三問荅。初釋欲界分二：一問，二荅。次釋
色界分二：一問，二荅。後釋上二界分二：一問，二荅。色界二別條。○第卅三明
學非學門有七問荅。初釋有學分二：一問，二荅。二釋無學分二：一問，二荅。三釋
非學非無學分二：一問，二荅。四釋有漏見分二：一問，二荅分二：一標，二釋。五釋
類流分二：一問，二荅分二：一荅類流，二例[illegible]來。六釋不還分二：一問，二荅分二：一明
欲界，二明上二界。七釋阿羅漢分二：一問，二荅。○第卅四明別住識門有一問荅分二：一問，
二荅分二：一略荅，二別名。○第卅五明甚深門有一問荅分二：一問，二荅分二：一總荅，
分二：一總荅，二別釋分二：一釋示分，二釋大分。初釋示分四：一釋常義分二：一明自種
他所甚深，二明他所自種甚深，三明自種他所有動轉中甚深，四明種子揚中
名非有自性力用甚深，五明識從緣其覺有轉性於及新所轉甚深，六明任
運壞滅然現任於甚深。二釋普義明甚深，三釋空義明甚深，四釋無我
義明甚深，五釋大分第一義明甚深。○第卅六明諸乃門有二問荅分二：一問，
二荅分二：一總荅，二別釋分二：一明法住諸分二：一問，二荅。二明真實諸
分二：一問，二荅。○第卅七明非自他作門有一問荅分二：一問，二荅分二：一總標，二別釋

分二 一問 二答 第卅七明非自他作門有一問答 分二 一問 分二 一總標 二別徵
二答 分三 一答諸住 二答諸住 三答諸界 第卅八明說祕密門有二問答
初依生中流 分二 一問 分二 一標 二徵 二答 分三 一總答 二別釋 三例餘 第二
依不流一切支有緣觀流 分二 一問 二答 分二 一總答 二別釋 分二 一明緣
有名色緣 二明名色作識緣 第卅九明觀諸退還門有一問答 分二
一問 二答 分二 一觀順流 二觀逆流 第卌明非自他作門有一問答 分二 一問 二答 分
三妙喻 第卌一明藉草束喻門有一問答 分二 一問 分三妙喻 二答 分三妙喻
第卌二明炷燈喻門有三問答 初依炷熾 分二 一問 二答 次依其油 分二 一問 二答
後依火炎 分二 一問 二答 第卌三明增長損減門有二問答 初依增長 分二 一問
二答 分二 一增長苦果 二增長緣支 後依損減 分二 一問 二答 分二 一損減
後支 二損減苦支因 第卌四明因緣中門有二問答 初依因 分二 一問 二答
第二依果 分二 一問 二答 第卌五明流盡中所顯門有三問答 初依因盡 分二
一問 二答 次依緣盡 分二 一問 二答 後依支盡 分二 一問 二答 分二 一總答 二別
釋 第卌六明七十七智門有一問答 分二 一問 二答 分二 顯智 分六 一遠立顯中
一顯於十一順流三智 二遠立顯中二顯於十一逆流三智 三遠立顯中三中
四遍去順流逆流各九十智 四遠立顯中五顯於十一逆流中去未來順流
逆流各十一智 五遠立顯中七智四諦智 六遠立顯一切智非安所攝 三

逆流各十六有　五違逆立取末七有四諦有　六違逆立取一切有非安所攝二
明惣結　末卅七明卅四有九門一別分分二一別二總分二一惣二明僑義
分二一深欲界分二一深眼耳二根二深意根　二例餘二界　大門末二明結流轉分二一標二列名分六
如論　末十卷終訖　末十一卷分門當
本地分末二廣解中明末六三摩呬多地分二一略釋二廣解初文分三一
惣問　二惣答　三略釋　二廣解分五一總標　二安立　三作意　四相差別
別　五略攝諸經　初惣分四一列二略答三列名四解釋分四一明靜慮二一
標二釋分四一離生有尋伺二定生無尋伺三離喜四捨念清淨二
明解脫分二一標二釋分八如論　三明等持分二一標二釋分十一如論　四明等至
分二一標二釋分六如論　末二明安立靜慮等分四一標二明三列名四
釋解分十二轉別分二如論　三明五蘊分五如論　三明安立靜
廣中分四一明立支分四如論　二明於相分四如論　三明立支因由　四明尋伺
略辨　末二廣明安立分八一安立中列義分二一略答二一列二答分二一答正義
三委釋　二廣分二一總標分四　總釋一標離生喜二明離生時利三列　標欲界五法分十一標三列　四列入　一標圓滿五法分二
一標二列名　二廣解釋分二一明欲界五法分五如論　二明圓滿五法分五如論
三安立靜慮中障分四一標二明三列名四解釋分二

BD00291-1　瑜伽師地論卷一〇分門記（擬）　BD00291-2　瑜伽師地論卷一一分門記（擬）

[illegible]五[illegible]

持分三 一標 二差別義 三明審慮分三 一明無漏於門中中持離暖先後 二明無漏於門中先後 三明中持離暖無先後

二安住靜慮中學分四 一標 二開 三列名 四解釋分二 [illegible]

五如論 三安住靜慮分四 一明[illegible]如論 三明[illegible]分五如論 三明[illegible]

四不[illegible]

一辨體分五 一辨貪欲體分二 一標 二釋諸有於法 二嗔恚 一標 二釋分三 一依攀

緣 二依不續蓋境 三依未來不續蓋事 三明昏沈睡眠分三 一辨體分二 一辨

昏沈體分七句 一乾淨邪相 二不守根門 三食不知量 四不勤精進 五減省睡眠

六不正知住 七不勤加行 二辨睡眠體 二明合義 三明異門分二 一明二體 二明

因由 第四明掉舉惡作蓋分四 一辨體分二 一明掉舉體分 二明惡作分二 一標

二釋 二明合說義 二明惡作異門 四明雜境一蓋義 第五明疑蓋分四 一明疑境

二明疑過 三明異門 四釋疑義 第二明五蓋食分二 一明食相分四 一明無義

略答 三別釋分二 一略明妙相 二廣解妙相分二 一別 二答分二 一明

二明八變 四明食義 二明非食相分四 一總問 二略答 三別釋分三 一問 二略

答 三別釋分二 一明內不淨相 二明外不淨相 四明非食義分二 一明白品 明應分

二標 二釋分二 如論 二明黑品過失 二明嗔恚蓋食分二 一明食相 太盃

一總問 二略答 三別釋分三 一明住 二明相 三明不正思 四明結 二非食相分三

一總問 二略答 三別釋分三 一明正義 二明所以 三引證 第三明昏沈睡眠

一徵問 二略答 三別釋 分三 一明正義 二明所以 三引證 第三明攝流睡眠
蓋食 分二 一明食相 分二 一總問 二略答 二明非食相 分三 一總問 二略答 三廣
解 分四 一總標 二列名 三解釋 分三 一明治闇光明 分二 一總標 二解釋 分三 一明夜分
二明晝分 三偈分 二明法光明 分二 一標 二釋 分二 一緣三寶 二緣六隨念 三明緣舉光
明 分二 一標 二釋 四明能治勝利 分二 一明治闇光明勝利 分二 一標 二釋 分三 一夜 二雲
三障 二明法光明勝利 分二 一標 二釋 分三 一緣三世 二緣六隨念 分二 一明厭 二明瞻
三標結 分二 一明正義 二明所以 第四明掉舉惡作蓋食 分二 一明食相 分三 一總
問 二略答 三廣解 分四 一明親屬尋思 分二 一標 二釋 二明國土尋思分
分二 一標 二釋 三明不死尋思 分二 一標 二釋 四明昔所經事 分四 一明笑 分二 一標
二釋 二明戲 分二 一標 二釋 三明歡樂 分二 一標 二釋 四明所作事 分二 一標 二釋
二明非食相 分三 一總問 二略答 三別釋 分二 一明奢摩他 分二 一標 二釋 三明奢
摩他品 分二 一標 二釋 第五明疑蓋食 分二 一明食相 分三 一總問 二略答
三廣解 分三 一明三世疑 二明不正思作 分三 一總標 二列名 三釋 解分三 一明
思作我 二明思作有情 三明思作世間 分二 一標 二釋 二明非食相 分三 一總問
二略答 三解釋 分三 一明如理作意勝利 二明不正思作體 三分別如理非
如理 是列 分二 一明正義 二立所以 三安立靜慮文 分四 一明立文 分四 一立
初靜慮文 分三 一總標 二列名 三立第二靜慮文 分二 一總標 二列名 三立第三靜慮

初靜慮支分三 一摠標 二列名 二立第二靜慮支分二 一摠標 二列名 三立第三靜慮
支分二 一摠標 二列名 四立第四靜慮支分二 一摠標 二列名 第二明離支作業
分四 一明尋伺業 二明三摩地業 三明喜業 四明樂業 三明第二靜慮支作業分三
内等淨業 二明三摩地業 三例條 四明第四靜慮支作業分三 一明捨念
業 二明三摩地業 三例條 第三明立支因由 第四分別尋伺九分四 一依
初靜慮尋伺分二 一列 二答 二依第二靜慮 三依第三靜慮喜 四依第四靜慮
樂遍
三安立靜慮支分四 一明立支分四 一立初靜慮支分二 一摠標 二列名分三 前二因法二
是果 後一住於 二立第二靜慮支分二 一摠標 二列名分三 前一是因法二是果 後一住於
三立第三靜慮支分二 一摠標 二列名分三 前二是因法一是果 後一是住於
靜慮支分二 一摠標 二列名分三 前二是因法一是果 後一是住於 第二明離支作業分 四立第四
四 一明初靜慮支作業分四 一明尋伺業 二明三摩地業 三明喜業 四明樂業
二明第二靜慮支作業分三 一明内等淨業 二明三摩地業 三例條 三明第三
靜慮支作業分三 一明捨念正知業 二明三摩地業 三例條 四明第四靜慮
支作業分三 一明捨念淨業 二明三摩地業 三例條 第三明立支因由 第四分
別尋伺九分四 一依靜慮尋伺分二 一列 二答 二依第二靜慮尋伺異
靜 三依第三靜慮喜遍 四依第四靜慮樂遍 第四安立差別名
分四 一依尋上心立異名分二 一列 二釋 二依樂立異名 二異[illegible]分四

分四 一依增上心立異名分二 一標 二釋 二依業性立異名 此二異門 初門分四
一標 二略釋 三徵 四答所以 第二異門分二 一明顯清業性分二 一標 二釋以所
二明立色等是業分四 一略標 二略釋 三徵 四答所以分二 一住問 二明識
論 三明流注因 二四合於彼分攝及於差別立異名分二 一總標 二別釋分二 一
明彼分攝 二明差別攝 第五明安立出諸受事分二 一總標 二解釋分五 一
出諸受根分五 一明出諸分五 一出憂根 二出苦根 三出喜根 四出樂
根 五出捨 二引經 三明多知分三 一問 二略答 三別釋分五 如論
四明持心分三 一問 二答 三明无餘盡分二 一標 二釋 五明世出世道差別分三
一明世道過 二明出世道功德 三例餘 二明分別根分四 一分別憂根分二 一問 二
答 二分別苦根分四 如論 三分別喜根 四分別樂根 三明分別苦根所依分三 一明緣
不斷苦根分二 一問 二答 二緣境分二 一問 二答 三顯果分三 一明依差別果分二 一明忘
義 二引經 二明依尋伺寂靜果 三例條明斷差別 四明依所學分六 一引經
二明九受 三明其何受 四明隨眠九元 五明斷捨 六明隨眠 五明捨根至到
何受分二 一問 二答 第六安立五根出出離界捨攝捨分二 一總標 二解
釋分四 一出離界分三 一依第三定已下明出離 二依第四定已下明出離 三依无
色界已下明出離 二明出離義分二 一問 二答分二 一緣能治立出離 二依

色界已下明出離二明出離彖文二一問二答文二一標能治魚出離二依
所治不至三別釋文三一標二列名三五對治文二一本三已下二本四已上
三分別徵中三出離文三一問二答三別釋文三一標二列名三五對治文二一
本三已下二本四已上本四解釋煙文廿八一明不隨念欲文二一問二答二明
於諸欲中心不趣入文二一問二答三明不喜受文二一問二答四明不住文二一問
二答五明處九勝解文二一問二答六明蓋覆文二一問二答七明壞散
文二一問二答八明不餘泰文二一問二答九明不住於情文二一問二答十明不
厭文三一問二略答三別釋文二一標二列名十一明要文二一問二答十二明有文三
一問二答十三明背文二一問二答三三松住十四明趣入文二一標二釋十五明吳
文二一標二釋十六明住文二一標二釋十七明解脫文二一標二釋文三一離繫
三寬礙三三九初用十八明厭背文二一問二答十九明厭捨文二一問二答
廿明解文二一標二釋廿一明脫文二一標二釋廿二明離繫文二一標二釋廿三
明流漏文二一標二釋廿四明遺文二一標二釋廿五明燒文二一標二釋廿六
明掃文二一標二釋廿七明依彼解脫文二一標二釋廿八明不納諸受文二一問
二答文二一別明正義二三九渝七安立六種出離界文六一略標二釋
三明立六出離界意趣四明對治文二一略文三一依初四二依中一三依後一
三廣文六渝五明六種出離勝利及不習過失六明出離文二一明……

二廣開分六抄論。五明六種出離時利及不習過失。六明抄攝分二：一明前五

抄攝。二明後六抄攝。八安立標分五：一略標，二引經列名，三明立四依意趣分（分二：一標，二列名）

二一明二菩分二：一略釋。二明立意。三辨初。四釋。四依分四：一明依法不依人分三：一標（二總標，二別釋分）

二釋。三立正理。二明依義不依文分四：一標，二明正義，三證，四會所明三依少教

（不依不了義經）經。四明依智不依識。五依四時違立四人分三：一標，二釋，三結。二明廣解

中末四五合明作意及抄差別大門分二：一明作意差別。二明抄差別。初文

分四：一總標，二別釋別標，三明菩分二：一明菩七種作意分二：一明二菩二

明菩卅作意分三：一明，二列名，三解釋分四。抄論。四明二種作意抄

攝分二：一明抄攝抄分其如行。一明可抄作意中攝條緣法緣義。二作意分二：一明

可抄所攝。二明條六所攝。二明可抄中七攝條緣界中四種作意。三明可抄於三

根本作意攝條勝解相應二種作意。四明根本觀察作意攝條勝解

作意。五明遠離攝樂加行究竟三種根本攝相應作意。六明七種根

本攝條有學及非學非無學作意。七明可抄及加行二種根本攝條無學

作意。八明可抄中七攝條遍知作意及正斷已斷三種作意。九明根本觀

察作意中七攝條各各分別影像作意中二種作意。十明事邊際作意

攝七種根本作意。十一明所作成辦所緣作意攝根本作意分二：一依初門

攝七種根本作意 十一明所作成辦所緣作意攝根本作意 文二 一依初門
遍攝一切 二依第二門加行究竟果作意攝所作成辦作意 十二明勝解思
擇相攝 文二 一依初一根本不攝 二依奢摩他遍一切根本 十三明遠離相攝
文二 一依上 二依觀 十四明前六根本與餘一分具一分攝作意相攝 文二 一前
六根本遍攝一分 二第七加行究竟果作攝具分攝作意一分具分 十五明
分別及殺重作意攝一切根本 十六明隨煩惱作意攝初二根本 十八明根本
攝樂一分攝順清淨作意 十九明順觀察作意根觀察作意相攝文
三 一明相攝 二依觀對治 三依所餘 廿明力勵作意相攝 廿一明四種根本作意攝
二作意 廿二明二根本作意攝一作意 廿三明一根本作意攝思擇作意
廿四明一根本作意內攝作意 廿五明四種根本攝淨障作意 廿六明根本
作意攝依止成辦順清淨作意 廿七明七種根本攝二作意 廿八明七
種根本不攝廣大作意 廿九明遍行作意相攝 文二 一依初遍行明相
攝 二依第二遍行明相攝 二明七根本作緣 文二 一明可相作意緣 文二 一他
緣 二內緣 二明餘六作意緣 第二明相差別 文三 一立相 二明相攝 三明緣
相 初文文二 一明四相 文六 一總 二略答 三徵 四廣答 五列名 六解釋 文二

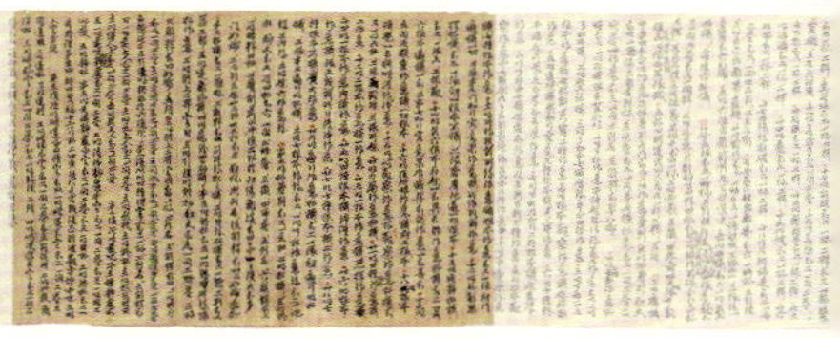

一明略釋四根　二廣解前四中復二根　初總標復有四　第一復次有多
門如論　二明別立餘廿二根　廿二根有三　初總標　次列名　後解釋有廿二如論應知
第二根攝有二　一總標　二解釋有四　一明所緣根攝　二明因緣根攝有二　一總　二別有二
一迷　二邪　三明遠離根攝　四明正修習根攝　第三明修根有三　一明修習所緣境
根依意　二明修上二界定因　三明引往明修根　初文有五　一明二離蓋　三標
四解釋有四如論　五結　二明修上二界定因有四　一標　二列名　三解釋有四　一明因力
有二　一列　二答　二明方便力有二　一列　二答　三明說力有二　一列　二答　四明教授力有二　一列　二答
四勸修　三引往明修根說六復次　第一復次明四種得定人有三　一標　二列名　三解釋有
四　一明處上人有二　一列　二答　二明見上人有二　一列　二答　三明教授　二明修根　三明起見因由
三明場人上有二　一列　二答　四明麁上人有二　一列　二答
三　一明愛味靜慮有二　一列　二答　二明清淨靜慮中定有二　一列　二答有三　一明因　二
師教　三明靜根　第三明無漏靜慮中定有二　一列　二答有三　一明因根　二明修根有二　一
先修理多生中修四聖諦十六行根　二法生後於文言此復正修現觀方便中也　三明
入定方便　第三復次明順退中四種定有四　一明順退分定有二　一列　二答　三
明退因　二明退根　三明退時　二明順住分定有二　一列　二答有三　一明住因　二明所救　三明
住根　三明順勝分定有二　一列　二答有二　一明勝住　二結　四明順決擇分定有二　一列　二

擇相 三明順勝宗分二 一問 二答 答分二 一明勝住 二結 四明順決擇分宗分二 一問 二
答分二 一明正義 二釋名分三 一明決擇義 二立喻 三法合

BD00291v　簽名

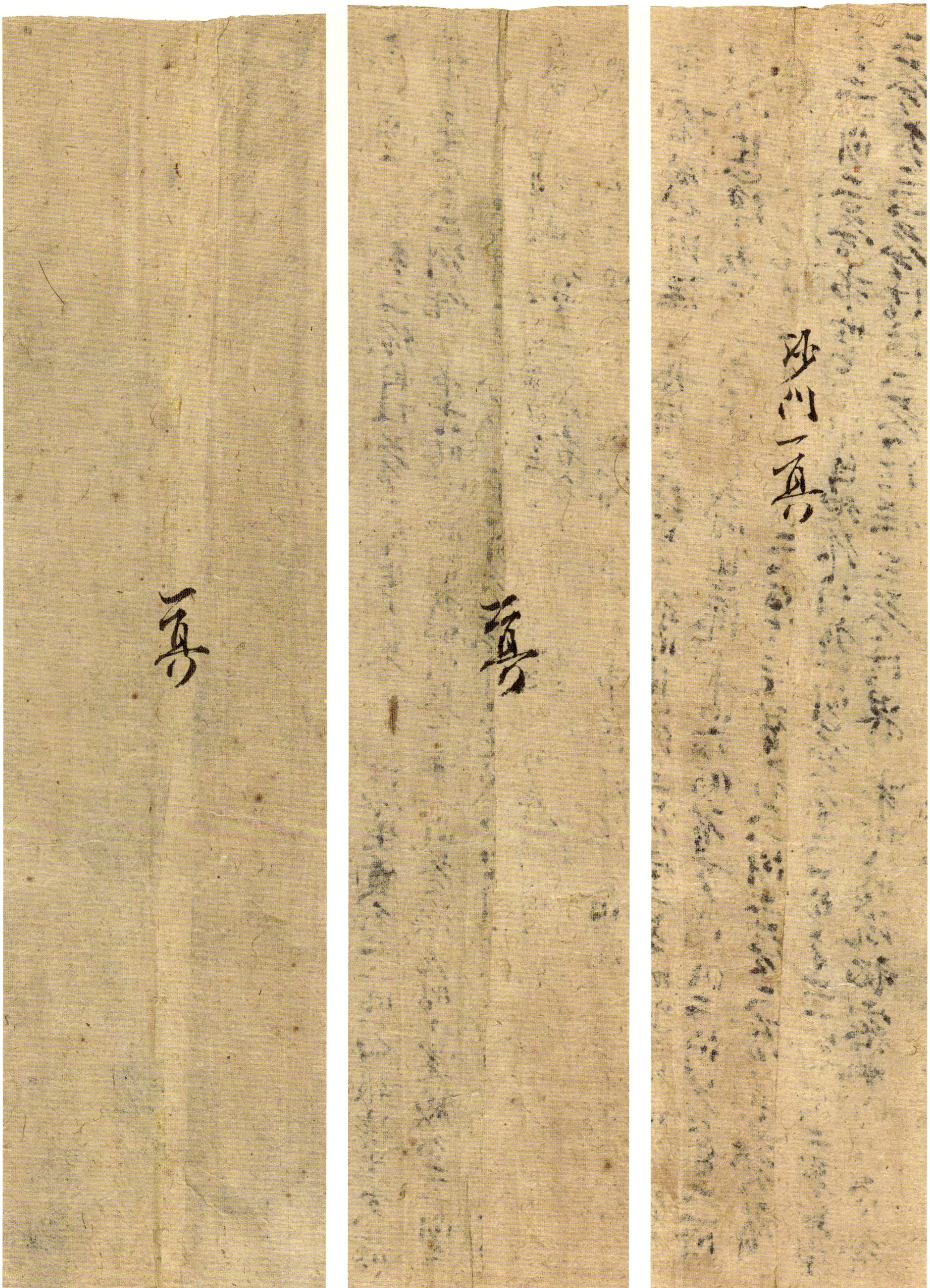

BD00291v　簽名

BD00292

金剛般若波羅蜜經

（後秦）鳩摩羅什 譯

340.9cm × 25.5cm

莊嚴是名莊嚴是故須菩提諸菩薩摩訶薩
應如是生清淨心不應住色生心不應住聲
香味觸法生心應无所住而生其心須菩提
譬如有人身如須弥山王於意云何是身為
大不須菩提言甚大世尊何以故佛說非身
是名大身
須菩提如恒河中所有沙數如是沙等恒河
於意云何是諸恒河沙寧為多不須菩提言
甚多世尊但諸恒河尚多无數何況其沙須
菩提我今實言告汝若有善男子善女人以
七寶滿尒所恒河沙數三千大千世界以用
布施得福多不須菩提言甚多世尊佛告須
菩提若善男子善女人於此經中乃至受持

句偈等為他人說而此福德勝前福德
復次須菩提隨說是經乃至四句偈等當知
此處一切世間天人阿脩羅皆應供養如佛
塔廟何況有人盡能受持讀誦須菩提當知
是人成就最上第一希有之法若是經典所
在之處則為有佛若尊重弟子
尒時須菩提白佛言世尊當何名此經我等
云何奉持佛告須菩提是經名為金剛般若
波羅蜜以是名字汝當奉持所以者何須菩
提佛說般若波羅蜜則非般若波羅蜜須菩
提於意云何如來有所說法不須菩提白佛
言世尊如來无所說須菩提於意云何三千
大千世界所有微塵是為多不須菩提言甚
多世尊須菩提諸微塵如來說非微塵是名

BD00292　金剛般若波羅蜜經

大千世界所有微塵是為多不須菩提言甚
多世尊須菩提諸微塵如来說非微塵是名
微塵如来說世界非世界是名世界須菩提
於意云何可以卅二相見如来不不也世尊
何以故如来說卅二相即是非相是名卅二
相須菩提若有善男子善女人以恒河沙等
身命布施若復有人於此經中乃至受持四
句偈等為他人說其福甚多
尒時須菩提聞說是經深解義趣涕淚悲泣
而白佛言希有世尊佛說如是甚深經典我
從昔来所得慧眼未曾得聞如是之經世尊
若復有人得聞是經信心清淨則生實相當
知是人成就第一希有功德世尊是實相者
則是非相是故如来說名實相世尊我今得

聞如是經典信解受持不足為難若當來世
後五百歲其有衆生得聞是經信解受持是
人則為第一希有何以故此人无我相人相
衆生相壽者相所以者何我相即是非相人
相衆生相壽者相即是非相何以故離一切
諸相則名諸佛
佛告須菩提如是如是若復有人得聞是經
不驚不怖不畏當知是人甚為希有何以故
須菩提如來說第一波羅蜜非第一波羅蜜
是名第一波羅蜜須菩提忍辱波羅蜜如來
說非忍辱波羅蜜何以故須菩提如我昔為
歌利王割截身體我於尒時无我相无人相
无衆生相无壽者相何以故我於往昔節節
支解時若有我相人相衆生相壽者相應生

无衆生相无壽者相何以故我於往昔節節
支解時若有我相人相衆生相壽者相應生
瞋恨須菩提又念過去於五百世作忍辱仙
人於尒所世无我相无人相无衆生相无壽
者相是故須菩提菩薩應離一切相發阿耨
多羅三藐三菩提心不應住色生心不應住
聲香味觸法生心應生无所住心若心有住
則為非住是故佛説菩薩心不應住色布施
須菩提菩薩為利益一切衆生應如是布施
如来説一切諸相即是非相又説一切衆生
則非衆生須菩提如来是真語者實語者如
語者不誑語者不異語者須菩提如来所得
法此法无實无虚須菩提若菩薩心住於法
而行布施如人入闇則无所見若菩薩心不

住法而行布施如人有目日光明照見種種
色須菩提當來之世若有善男子善女人能
於此經受持讀誦則為如來以佛智慧悉知
是人悉見是人皆得成就无量无邊功德
須菩提若有善男子善女人初日分以恒河
沙等身布施中日分復以恒河沙等身布施
後日分亦以恒河沙等身布施如是无量百
千万億劫以身布施若復有人聞此經典信
心不逆其福勝彼何況書寫受持讀誦為人
解說須菩提以要言之是經有不可思議不
可稱量无邊功德如來為發大乘者說為發
最上乘者說若有人能受持讀誦廣為人說
如來悉知是人悉見是人皆成就不可量不
可稱无有邊不可思議功德如是人等則為

如来悉知是人悉見是人皆成就不可量不
可稱无有邊不可思議切德如是人等則為
荷擔如来阿耨多羅三藐三菩提何以故須
菩提若樂小法者著我見人見衆生見壽者
見則於此經不能聽受讀誦為人解説須菩
提在在處處若有此經一切世間天人阿脩
羅所應供養當知此處則為是塔皆應恭
敬作礼圍繞以諸華香而散其處
復次須菩提善男子善女人受持讀誦此經
若為人輕賤是人先世罪業應墮悪道以今
世人輕賤故先世罪業則為消滅當得阿耨
多羅三藐三菩提須菩提我念過去无量阿
僧祇刧於然燈佛前得值八百四千万億那
由他諸佛悉皆供養承事无空過者若復有

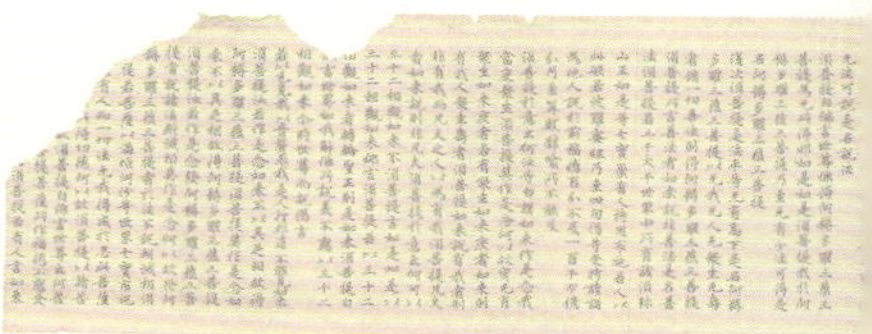

我所供養諸佛功德百分不及一千万億分
乃至筭數譬喻所不能及須菩提若善男子
善女人於後末世有受持讀誦此經所得功
德我若具說者或有人聞心則狂亂狐疑不
信須菩提當知是經義不可思議果報亦不
可思議
尒時須菩提白佛言世尊善男子善女人發
阿耨多羅三藐三菩提心云何應住云何降
伏其心佛告須菩提善男子善女人發阿耨
多羅三藐三菩提者當生如是心我應滅度
一切衆生滅度一切衆生已而无有一衆生
實滅度者何以故若菩薩有我相人相衆生
相壽者相則非菩薩所以者何須菩提實无

實滅度者何以故若菩薩有我相人相衆生
相壽者相則非菩薩所以者何須菩提實无
有法發阿耨多羅三藐三菩提者須菩提於
意云何如来於然燈佛所有法得阿耨多羅
三藐三菩提不不也世尊如我解佛所說義
佛於然燈佛所无有法得阿耨多羅三藐三
菩提佛言如是如是須菩提實无有法如来
得阿耨多羅三藐三菩提須菩提若有法如
来得阿耨多羅三藐三菩提然燈佛則不與
我受記汝於来世當得作佛号釋迦牟尼以
實无有法得阿耨多羅三藐三菩提是故然
燈佛與我受記作是言汝於来世當得作佛
号釋迦牟尼何以故如来者即諸法如義若
[illegible]如来得阿耨多羅三藐三菩提須菩

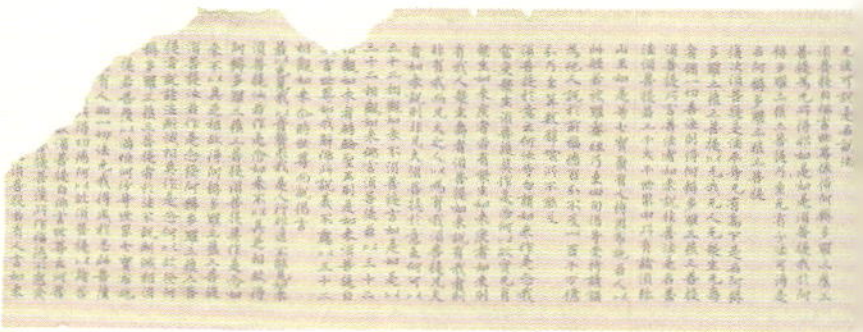

菩提如来所得阿耨多羅三藐三菩提於是
中无實无虚是故如来說一切法皆是佛法
須菩提所言一切法者即非一切法是故名
一切法須菩提譬如人身長大須菩提言世
尊如来說人身長大則為非大身是名大身
須菩提菩薩亦如是若作是言我當滅度无
量衆生則不名菩薩何以故須菩提无有法
名為菩薩是故佛說一切法无我无人无衆
生无壽者須菩提若菩薩作是言我當莊
嚴佛土是不名菩薩何以故如来說莊嚴佛
土者即非莊嚴是名莊嚴須菩提若菩薩通
達无我法者如来說名真是菩薩
須菩提於意云何如来有肉眼不如是世尊

達无我法者如来說名眞是菩薩
須菩提於意云何如来有肉眼不如是世尊
如来有肉眼須菩提於意云何如来有天眼
不如是世尊如来有天眼須菩提於意云何
如来有慧眼不如是世尊如来有慧眼須菩
提於意云何如来有法眼不如是世尊如来
有法眼須菩提於意云何如来有佛眼不如
是世尊如来有佛眼須菩提於意云何如恒
河中所有沙佛說是沙不如是世尊如来說
是沙須菩提於意云何如一恒河中所有沙
有如是等恒河是諸恒河所有沙數佛世界
如是寧為多不甚多世尊佛告須菩提尒所
國土中所有衆生若干種心如来悉知何以
故如来說諸心皆為非心是名為心所以者

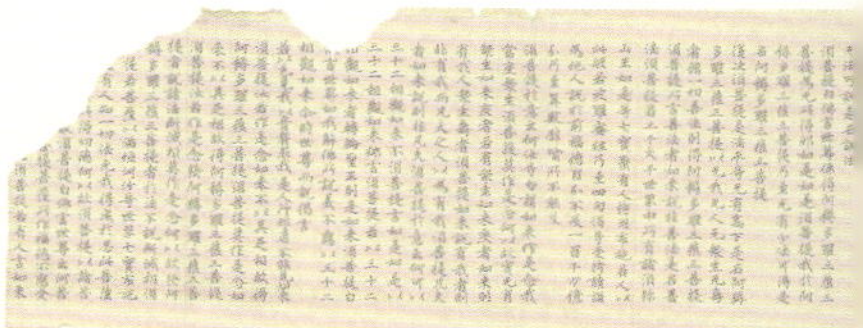

来心不可得須菩提於意云何若有人滿三
千大千世界七寶以用布施是人以是因緣
得福多不如是世尊此人以是因緣得福甚
多須菩提若福德有實如来不說得福德多
以福德无故如来說得福德多
須菩提於意云何佛可以具足色身見不不
也世尊如来不應以具足色身見何以故如
来說具足色身即非具足色身是名具足色
身須菩提於意云何如来可以具足諸相見
不不也世尊如来不應以具足諸相見何以
故如来說諸相具足即非具足是名諸相具
足須菩提汝勿謂如来作是念我當有所說
法莫作是念何以故若人言如来有所說法

是須菩提汝勿謂如來作是念我當有所說
法莫作是念何以故若人言如來有所說法
即為謗佛不能解我所說故須菩提說法者
无法可說是名說法
須菩提白佛言世尊佛得阿耨多羅三藐三
菩提為无所得耶如是如是須菩提我於阿
耨多羅三藐三菩提乃至无有少法可得是
名阿耨多羅三藐三菩提
復次須菩提是法平等无有高下是名阿耨
多羅三藐三菩提以无我无人无衆生无壽
者脩一切善法則得阿耨多羅三藐三菩提
須菩提所言善法者如來說非善法是名善
法須菩提若三千大千世界中所有諸須彌
王如是等七寶聚有人持用布施若人

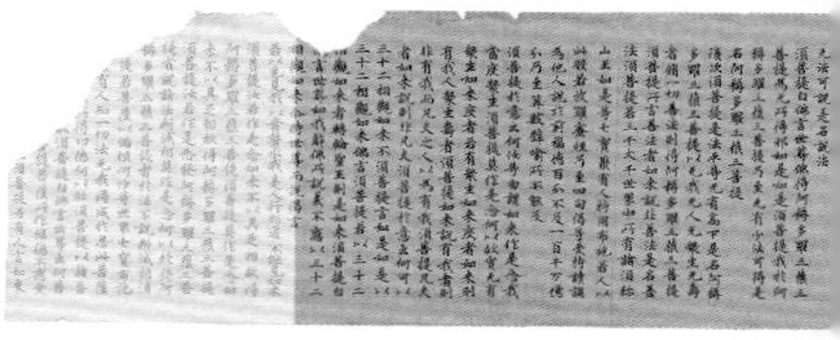

此般若波羅蜜經乃至四句偈等受持讀誦
為他人說於前福德百分不及一百千万億
分乃至筭數譬喻所不能及
須菩提於意云何汝等勿謂如来作是念我
當度衆生須菩提莫作是念何以故實无有
衆生如来度者若有衆生如来度者如来則
有我人衆生壽者須菩提如来說有我者則
非有我而凡夫之人以為有我須菩提凡夫
者如来說則非凡夫須菩提於意云何可以
三十二相觀如来不須菩提言如是如是以
三十二相觀如来佛言須菩提若以三十二
相觀如来者轉輪聖王則是如来須菩提白
佛言世尊如我解佛所說義不應以三十二
相觀如来爾時世尊而說偈言

言世尊如我解佛所說義不應以三十二
相觀如来尒時世尊而說偈言
若以色見我　以音聲求我　是人行邪道　不能見如来
須菩提汝若作是念如来不以具足相故得
阿耨多羅三藐三菩提須菩提莫作是念如
来不以具足相故得阿耨多羅三藐三菩提
須菩提汝若作是念發阿耨多羅三藐三菩
提者說諸法斷滅相莫作是念何以故發阿
耨多羅三藐三菩提者於法不說斷滅相須
提若菩薩以滿恒河沙等世界七寶布施
有人知一切法无我得成於忍此菩薩
所得功德何以故須菩提以諸菩
故須菩提白佛言世尊云何菩

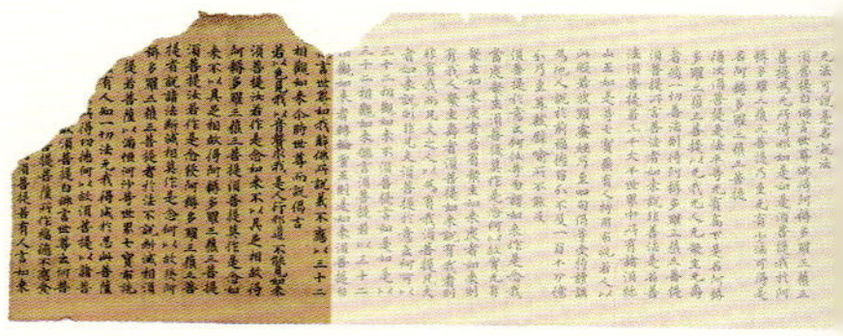

菩提若有人言如來

BD00293 金剛般若波羅蜜經

（後秦）鳩摩羅什 譯

77.5cm × 25cm

有定法名阿耨多羅三藐三菩
提亦无有定法如来可說何以故如来所說
法皆不可取不可說非法非非法所以者何
一切賢聖皆以无為法而有差別
須菩提於意云何若人滿三千大千世界七
寶以用布施是人所得福德寧為多不須菩
提言甚多世尊何以故是福德即非福德性
是故如来說福德多若復有人於此經中受
持乃至四句偈等為他人說其福勝彼何以
故須菩提一切諸佛及諸佛阿耨多羅三菩
提法皆從此經出須菩提所謂佛法者
即非佛法
須菩提於意云何須陁洹能作是念我得須
陁洹果不須菩提言不也世尊何以故須陁

是念我得斯陁含果不須菩提言不也世尊
何以故斯陁含名一往来而實无往来是名
斯陁含須菩提於意云何阿那含能作是念
我得阿那含果不須菩提言不也世尊何以
故阿那含名為不来而實无来是故名阿那
含須菩提於意云何阿羅漢能作是念我得
阿羅漢道不須菩提言不也世尊何以故實
无有法名阿羅漢世尊若阿羅漢作是念我
得阿羅漢道即為著我人衆生壽者世尊佛
説我得无諍三昧人中㝡為第一是第一離
欲阿羅漢我不作是念我是離欲阿羅漢世
尊我若作是念我得阿羅漢道世尊則不説
須菩提是樂阿蘭那行者以須菩提實无所
行而名須菩提是樂阿蘭那行
佛告須菩提於意云何如来昔在然燈佛所

行而名須菩提是樂阿蘭那行
佛告須菩提於意云何如來昔在然燈佛所
於法有所得不世尊如來昔在然燈佛所於法
實无所得
須菩提於意云何菩薩莊嚴佛土不不也世
尊何以故莊嚴佛土者則非莊嚴是名莊嚴
是故須菩提諸菩薩摩訶薩應如是生清淨
心不應住色生心不應住聲香味觸法生心
應无所住而生其心須菩提譬如有人身
須弥山王於意云何是身為大不須菩
甚大世尊何以故佛說非身是名大身
須菩提如恒河中所有沙數如是沙等恒河
於意云何是諸恒河沙寧為多不須菩提言
甚多世尊但諸恒河尚多无數何況其沙須
菩提我今實言告汝若有善男子善女人以

[illegible]
菩提若善男子善女人於此經中乃至受持
四句偈等為他人說而此福德勝前福德
復次須菩提隨說是經乃至四句偈等當知
此處一切世間天人阿脩羅皆應供養如佛

BD00294 妙法蓮華經卷三

（後秦）鳩摩羅什 譯

1016.5cm × 26.2cm

妙法蓮華經藥草喻品第五　三

尒時世尊告摩訶迦葉及諸大弟子善哉善
哉迦葉善說如來真實功德誠如所言如來
復有无量无邊阿僧祇功德汝等若於无量
億劫說不能盡迦葉當知如來是諸法之王
若有所說皆不虛也於一切法以智方便而演
說之其所說法皆悉到於一切智地如來
觀知一切諸法之所歸趣亦知一切衆生深心
所行通達无礙又於諸法究盡明了示諸
衆生一切智慧迦葉譬如三千大千世界山
川谿谷土地所生卉木藂林及諸藥草種類

界山川谿谷土地所生卉木叢林及諸藥草
小根小莖小枝小葉中根中莖中枝中葉大
根大莖大枝大葉諸樹大小隨上中下各有
所受一雲所雨稱其種性而得生長華菓敷
實雖一地所生一雨所潤而諸草木各有差別
迦葉當知如來亦復如是出現於世如大
雲起以大音聲普遍世界天人阿脩羅如彼
大雲遍覆三千大千國土於大衆中而唱是
言我是如來應供正遍知明行足善逝世間
解无上士調御丈夫天人師佛世尊未度者
令度未解者令解未安者令安未涅槃者令
得涅槃今世後世如實知之我是一切知者一
切見者知道者開道者說道者汝等天人
阿脩羅衆皆應到此為聽法故尒時无數千

切見者知道者開道者說道者汝等天人
阿脩羅衆皆應到此為聽法故尒時无數千
万億種衆生来至佛所而聽法如来于時觀
是衆生諸根利鈍精進懈怠隨其所堪而為
說法種種无量皆令歡喜快得善利是諸
衆生聞是法已現世安隱後生善處以道受
樂亦得聞法既聞法已離諸鄣礙於諸法中任
力所能漸得入道如彼大雲雨於一切卉木
叢林及諸藥草如其種性具足蒙潤各得生
長如来說法一相一味所謂解脫相離相滅相
究竟至於一切種智其有衆生聞如来法若
持讀誦如說脩行所得功德不自覺知所以
者何唯有如来知此衆生種相體性念何事

[illegible]
衆生住於種種之地唯有如來如實見之明
了无礙如彼卉木藂林及諸藥草等而不自
知上中下性如來知是一相一味之法所謂解
脫相離相滅相究竟涅槃常寂滅相終歸於
空佛知是已觀衆生心欲而將護之是故不即
為說一切種智汝等迦葉甚為希有能知如
來隨宜說法能信能受所以者何諸佛世
尊隨宜說法難解難知尒時世尊欲重宣
此義而說偈言
破有法王　出現世間　隨衆生欲　種種說法
如來尊重　智慧深遠　久默斯要　不務速說
有智若聞　則能信解　无智疑悔　則為永失
是故迦葉　隨力為說　以種種緣　令得正見

有智若聞　則能信解　无智疑悔　則為永失
是故迦葉　隨力為說　以種種緣　令得正見
迦葉當知　譬如大雲　起於世間　遍覆一切
慧雲含潤　電光晃曜　雷聲遠震　令衆悅豫
日光掩蔽　地上清涼　靉靆垂布　如可承攬
其雨普等　四方俱下　流澍无量　率土充洽
山川險谷　幽邃所生　卉木藥草　大小諸樹
百穀苗稼　甘蔗蒲桃　雨之所潤　无不豐足
乾地普洽　藥木並茂　其雲所出　一味之水
草木叢林　隨分受潤　一切諸樹　上中下等
稱其大小　各得生長　根莖枝葉　華菓光色
一切所及　皆得鮮澤　如其體相　性分大小
雨潤是一　而各滋茂　佛亦如是　出現於世
譬如大雲　普覆一切　既出于世　為諸衆生

分別演說 諸法之實 大聖世尊 於諸天人
一切衆中 而宣是言 我為如来 兩足之尊
出于世間 猶如大雲 充潤一切 枯槁衆生
皆令離苦 得安隱樂 世間之樂 及涅槃樂
諸天人衆 一心善聽 皆應到此 覲无上尊
我為世尊 无能及者 安隱衆生 故現於世
為大衆說 甘露淨法 其法一味 解脫涅槃
以一妙音 演暢斯義 常為大乘 而作因緣
我觀一切 普皆平等 无有彼此 愛憎之心
我无貪著 亦无限礙 恒為一切 平等說法
如為一人 衆多亦然 常演說法 曾无他事
去来坐立 終不疲厭 充足世間 如雨普潤
貴賤上下 持戒毀戒 威儀具足 及不具足
正見邪見 利根鈍根 等雨法雨 而无懈惓

貴賤上下　持戒毀戒　威儀具足　及不具足
正見邪見　利根鈍根　等雨法雨　而无懈倦
一切衆生　聞我法者　隨力所受　住於諸地
或處人天　轉輪聖王　釋梵諸王　是小藥草
知无漏法　能得涅槃　起六神通　及得三明
獨處山林　常行禪定　得緣覺證　是中藥草
求世尊處　我當作佛　行精進定　是上藥草
又諸佛子　專心佛道　常行慈心　自知作佛
決定无疑　是名小樹　安住神通　轉不退輪
度无量億　百千衆生　如是菩薩　名為大樹
佛平等說　如一味雨　隨衆生性　所受不同
如彼草木　所禀各異　佛以此喻　方便開示
種種言詞　演說一法　於佛智慧　如海一渧

如彼叢林　藥草諸樹　隨其大小　漸增茂好
諸佛之法　常以一味　令諸世間　普得具足
漸次脩行　皆得道果　聲聞緣覺　處於山林
住最後身　聞法得果　是名藥草　各得增長
若諸菩薩　智慧堅固　了達三界　求最上乘
是名小樹　而得增長　復有住禪　得神通力
聞諸法空　心大歡喜　放無數光　度諸眾生
是名大樹　而得增長　如是迦葉　佛所說法
譬如大雲　以一味雨　潤於人華　各得成實
迦葉當知　以諸因緣　種種譬喻　開示佛道
是我方便　諸佛亦然　今為汝等　說最實事
諸聲聞眾　皆非滅度　汝等所行　是菩薩道
漸漸脩學　悉當成佛

妙法蓮華經授記品第六

漸漸修學　悉當成佛

妙法蓮華經授記品第六

尒時世尊說是偈已告諸大衆唱如是言我
此弟子摩訶迦葉於未來世當得奉覲三百
万億諸佛世尊供養恭敬尊重讚歎廣宣諸
佛无量大法於最後身得成為佛名曰光明
如来應供正遍知明行足善逝世間解无上士
調御丈夫天人師佛世尊國名光德劫名
大莊嚴佛壽十二小劫正法住世二十小劫
像法亦住二十小劫國界嚴飾无諸穢惡瓦
礫荊棘便利不淨其土平正无有高下坑坎
堆阜琉璃為地寶樹行列黄金為繩以界道
側散諸寶華周遍清淨其國菩薩无量千
億諸聲聞衆亦復无數无有魔事雖有魔

尒時世尊欲重宣此義
而說偈言
告諸比丘　我以佛眼　見是迦葉　於未來世
過无數劫　當得作佛　而於來世　供養奉覲
三百万億　諸佛世尊　為佛智慧　淨脩梵行
供養最上　二足尊已　脩集一切　无上之慧
於最後身　得成為佛　其土清淨　琉璃為地
多諸寶樹　行列道側　金繩界道　見者歡喜
常出好香　散眾名華　種種奇妙　以為莊嚴
其地平正　无有丘坑　諸菩薩眾　不可稱計
其心調柔　逮大神通　奉持諸佛　大乘經典
諸聲聞眾　无漏後身　法王之子　亦不可計
乃以天眼　不能數知　其佛當壽　十二小劫
正法住世　二十小劫　像法亦住　二十小劫

乃以天眼　不能數知　其佛當壽　十二小劫
正法住世　二十小劫　像法亦住　二十小劫
光明世尊　其事如是
尒時大目揵連須菩提摩訶迦旃延等皆
悉悚慄一心合掌瞻仰尊顏目不暫捨即
共同聲而說偈言
大雄猛世尊　諸釋之法王　哀愍我等故　而賜佛音聲
若知我深心　見為授記者　如以甘露灑　除熱得清涼
如從飢國來　忽遇大王膳　心猶懷疑懼　未敢即便食
若復得王教　然後乃敢食　我等亦如是　每惟小乘過
不知當云何　得佛无上慧　雖聞佛音聲　言我等作佛
心尚懷憂懼　如未敢便食　若蒙佛授記　尒乃快安樂
大雄猛世尊　常欲安世間　願賜我等記　如飢須教食
尒時世尊知諸大弟子心之所念告諸比丘

佛供養恭敬尊重讚歎常脩梵行具菩薩
道於最後身得成為佛号曰名相如來應供正
遍知明行足善逝世間解无上士調御丈夫
天人師佛世尊劫名有寶國名寶生其土平
正頗梨為地寶樹莊嚴无諸丘坑沙礫荊蕀
便利之穢寶華覆地周遍清淨其土人民皆
處寶臺珎妙樓閣聲聞弟子无量无邊筭
數譬喻所不能知諸菩薩衆无數千万億那由
他佛壽十二小劫正法住世二十小劫像法亦
住二十小劫其佛常處虛空為衆說法度
脫无量菩薩及聲聞衆尒時世尊欲重宣此
義而說偈言
諸比丘衆　今告汝等　皆當一心　聽我所說

諸比丘衆　今告汝等　皆當一心　聽我所說
我大弟子　湏菩提者　當得作佛　号曰名相
當供无數　万億諸佛　隨佛所行　漸具大道
最後身得　三十二相　端正姝妙　猶如寶山
其佛國土　嚴淨第一　衆生見者　无不愛樂
佛於其中　度无量衆　其佛法中　多諸菩薩
皆悉利根　轉不退輪　彼國常以　菩薩莊嚴
諸聲聞衆　不可稱數　皆得三明　具六神通
住八解脫　有大威德　其佛說法　現於无量
神通變化　不可思議　諸天人民　數如恒沙
皆共合掌　聽受佛語　其佛當壽　十二小劫
正法住世　二十小劫　像法亦住　二十小劫
尒時世尊復告諸比丘衆我今語汝是大迦

佛滅度後各起塔廟高千由旬
縱廣正等五百由旬以金銀琉璃車𤦲馬瑙
真珠玫瑰七寶合成衆華瓔珞塗香末香燒
香繒蓋幢幡供養塔廟過是已後當復供養
二万億佛亦復如是供養是諸佛已具菩薩
道當得作佛号曰閻浮那提金光如來應供正
遍知明行足善逝世間解无上士調御丈夫
天人師佛世尊其土平正頗梨為地寳樹莊
嚴黄金為繩以界道側妙華覆地周遍清淨
見者歡喜无四惡道地獄餓鬼畜生阿脩羅
道多有天人諸聲聞衆及諸菩薩无量万億
莊嚴其國佛壽十二小劫正法住世二十小劫
像法亦住二十小劫尒時世尊欲重宣此義
而說偈言

像法亦住二十小劫尒時世尊欲重宣此義
而説偈言
諸比丘衆　皆一心聽　如我所説　真實无異
是迦旃延　當以種種　妙好供具　供養諸佛
諸佛滅後　起七寶塔　亦以華香　供養舍利
其最後身　得佛智慧　成等正覺　國土清淨
度脱无量　万億衆生　皆爲十方　之所供養
佛之光明　无能勝者　其佛号曰　閻浮金光
菩薩聲聞　斷一切有　无量无數　莊嚴其國
尒時世尊復告大衆我今語汝是大目揵連
當以種種供具八千諸佛恭敬尊重諸佛滅
後各起塔廟高千由旬縱廣正等五百由旬
以金銀琉璃車𤦲馬瑙真珠玫瑰七寶合成

衆華瓔珞塗香末香燒香繒蓋幢幡以用供
養過是已後當復供養二百万億諸佛亦復
如是當得成佛号曰多摩羅跋栴檀香如來
應供正遍知明行足善逝世間解无上士調
御丈夫天人師佛世尊劫名喜滿國名意樂
其土平正頗梨為地寶樹莊嚴散真珠華
周遍清淨見者歡喜多諸天人菩薩聲聞其
數无量佛壽十二小劫正法住世四十小劫像
法亦住四十小劫尒時世尊欲重宣此義
而說偈言
我此弟子　大目揵連　捨是身已　得見八千
二百万億　諸佛世尊　為佛道故　供養恭敬
於諸佛所　常脩梵行　於无量劫　奉持佛法
諸佛滅後　起七寶塔　長表金剎　華香伎樂

於諸佛所　常修梵行　於无量劫　奉持佛法
諸佛滅後　起七寶塔　長表金刹　華香伎樂
而以供養　諸佛塔廟　漸漸具足　菩薩道已
於意樂國　而得作佛　号多摩羅　栴檀之香
其佛壽命　二十四劫　常為天人　演說佛道
聲聞无量　如恒河沙　三明六通　有大威德
菩薩无數　志固精進　於佛智慧　皆悉不退轉
佛滅度後　正法當住　四十小劫　像法亦尒
我諸弟子　威德具足　其數五百　皆當授記
於未來世　咸得成佛　我及汝等　宿世因緣
吾今當說　汝等善聽

妙法蓮華經化城喻品第七

佛告諸比丘乃往過去无量无邊不可思議
阿僧祇劫尒時有佛名大通智勝如來

[illegible]
夫天人師佛世尊其國名好成劫名大相諸
比丘彼佛滅度已来甚大久遠譬如三千大
千世界所有地種假使有人磨以為墨過於
東方千國土乃下一點大如微塵又過千國
土復下一點如是展轉盡地種墨於汝等意
云何是諸國土若筭師若筭師弟子能得
邊際知其數不不也世尊諸比丘是人所經
國土若點不點盡末為塵一塵一劫彼佛滅度
已来復過是數无量无邊百千万億阿僧
祇劫我以如来知見力故觀彼久遠猶若今
日尒時世尊欲重宣此義而說偈言
我念過去世　无量无數劫　有佛兩足尊　名大通智勝
如人以力磨　三千大千土　盡此諸地種　皆悉以為墨

我念過去世　无量无邊劫　有佛兩足尊　名大通智勝
如人以力磨　三千大千土　盡此諸地種　皆悉以為墨
過於千國土　乃下一塵點　如是展轉點　盡此諸塵墨
如是諸國土　點與不點等　復盡末為塵　一塵為一劫
此諸微塵數　其劫復過是　彼佛滅度來　如是无量劫
如來无礙智　知彼佛滅度　及聲聞菩薩　如今見滅度
諸比丘當知　佛智淨微妙　无漏无所礙　通達无量劫
佛告諸比丘大通智勝佛壽五百四十万億
那由他劫其佛本坐道場破魔軍已垂得
阿耨多羅三藐三菩提而諸佛法不現在前如
是一小劫乃至十小劫結加趺坐身心不動
而諸佛法猶不在前尔時忉利諸天先為彼
佛於菩提樹下敷師子座高一由旬佛於此

去萎華更雨新者如是不絕滿十小劫供養
於佛乃至滅度常雨此華四王諸天為供養
佛常擊天鼓其餘諸天作天伎樂滿十小劫
至于滅度亦復如是諸比丘大通智勝佛過
十小劫諸佛之法乃現在前成阿耨多羅三
藐三菩提其佛未出家時有十六子其第
一者名曰智積諸子各有種種珍異玩好之具
聞父得成阿耨多羅三藐三菩提皆捨所珍
往詣佛所諸母涕泣而隨送之其祖轉輪聖
王與一百大臣及餘百千万億人民皆共圍
遶隨至道場咸欲親近大通智勝如來供養
恭敬尊重讚歎到已頭面礼足遶佛畢已一
心合掌瞻仰世尊以偈頌曰

心合掌瞻仰世尊以偈頌曰
大威德世尊　為度衆生故　於无量億歲　尒乃得成佛
諸願已具足　善哉吉无上　世尊甚希有　一坐十小劫
身體及手足　靜然安不動　其心常淡泊　未曾有散乱
究竟永寂滅　安住无漏法　今者見世尊　安隱成佛道
我等得善利　稱慶大歡喜　衆生常苦惱　盲瞑无導師
不識苦盡道　不知求解脫　長夜增惡趣　減損諸天衆
從瞑入於瞑　永不聞佛名　今佛得最上　安隱无漏道
我等及天人　為得最大利　是故咸稽首　歸命无上尊
尒時十六王子偈讚佛已勸請世尊轉於法
輪咸作是言世尊說法多所安隱憐愍饒益
諸天人民重說偈言
世尊无等倫　百福自莊嚴　得无上智慧　願為世間說

若我等得佛　衆生亦復然　世尊知衆生　深心之所念
亦知所行道　又知智慧力　欲樂及修福　宿命所行業
世尊悉知已　當轉無上輪
佛告諸比丘大通智勝佛得阿耨多羅三藐
三菩提時十方各五百万億諸佛世界六種
震動其國中間幽冥之處日月威光所不能
照而皆大明其中衆生各得相見咸作是言
此中云何忽生衆生又其國界諸天宮殿乃
至梵宮六種震動大光普照遍滿世界勝諸
天光尒時東方五百万億諸國土中梵天宮
殿光明照曜倍於常明諸梵天王各作是念
今者宮殿光明昔所未有以何因緣而現此
相是時諸梵天王即各相詣共議此事而彼
衆中有一大梵天王名救一切為諸梵衆而說

相是時諸梵天王即各相詣共議此事而彼
衆中有一大梵天王名救一切為諸梵衆而說
偈言
我等諸宮殿　光明昔未有　此是何因緣　宜各共求之
為大德天生　為佛出世間　而此大光明　遍照於十方
尒時五百万億國土諸梵天王與宮殿俱各
以衣裓盛諸天華共詣西方推尋是相見大
通智勝如來處于道場菩提樹下坐師子
座諸天龍王乾闥婆緊那羅摩睺羅伽人非
人等恭敬圍繞及見十六王子請佛轉法輪即
時諸梵天王頭面礼佛繞百千匝即以天華
而散佛上其所散華如須弥山并以供養佛
菩提樹其菩提樹高十由旬華供養已各以

所獻宮殿願垂納處時諸梵天王即於佛
前一心同聲以偈頌曰
世尊甚希有　難可得值遇　具无量功德　能救護一切
天人之大師　哀愍於世間　十方諸眾生　普皆蒙饒益
我等所從來　五百万億國　捨深禪定樂　為供養佛故
我等先世福　宮殿甚嚴飾　今以奉世尊　唯願哀納受
尒時諸梵天王偈讚佛已各作是言唯願世
尊轉於法輪度脫眾生開涅槃道時諸梵
天王一心同聲而說偈言
世雄兩足尊　唯願演說法　以大慈悲力　度苦惱眾生
尒時大通智勝如來默然許之又諸比丘東南
方五百万億國土諸大梵王各自見宮殿
光明照曜昔所未有歡喜踊躍生希有心

光明照曜昔所未有歡喜踊躍生希有心
即各相詣共議此事而彼眾中有一大梵天
王名曰大悲為諸梵眾而說偈言
是事何因緣　而現如此相　我等諸宮殿　光明昔未有
為大德天生　為佛出世間　未曾見此相　當共一心求
過千万億土　尋光共推之　多是佛出世　度脫苦眾生
尒時五百万億諸梵天王與宮殿俱各以
衣裓盛諸天華共詣西方尋是相見大通智
勝如來處于道場菩提樹下坐師子座諸天
龍王乾闥婆緊那羅摩睺羅伽人非人等
恭敬圍繞及見十六王子請佛轉法輪時諸
梵天王頭面礼佛繞百千匝即以天華而散

唯見哀愍饒益我等所獻宮殿願垂納受
尒時諸梵天王即於佛前一心同聲以偈頌曰
聖主天中王　迦陵頻伽聲　哀愍衆生者　我等今敬礼
世尊甚希有　久遠乃一現　一百八十劫　空過无有佛
三惡道充滿　諸天衆減少　今佛出於世　爲衆生作眼
世間所歸趣　救護於一切　爲衆生之父　哀愍饒益者
我等宿福慶　今得值世尊
尒時諸梵天王偈讚佛已各作是言唯願世
尊哀愍一切轉於法輪度脫衆生時諸梵天
王一心同聲而説偈言
大聖轉法輪　顯示諸法相　度苦惱衆生　令得大歡喜
衆生聞此法　得道若生天　諸惡道減少　忍善者增長

衆生聞此法　得道若生天　諸惡道減少　忍善者增長
尒時大通智勝如来嘿然許之又諸比丘南方
五百万億國土諸大梵王各自見宮殿光明
照曜昔所未有歡喜踊躍生希有心即各相
詣共議此事以何因緣我等宮殿有此光曜
而彼衆中有一大梵天王名曰妙法為諸梵衆
而說偈言
我等諸宮殿　光明甚威曜　此非无因緣　是相宜求之
過於百千劫　未曾見是相　為大德天生　為佛出世間
尒時五百万億諸梵天王與宮殿俱各以衣裓
盛諸天華共詣北方推尋是相見大通智勝
如来處于道場菩提樹下坐師子座諸天龍
王乾闥婆緊那羅摩睺羅伽人非人等恭敬

圍繞及見十六王子請佛轉法輪即時諸梵天
王頭面礼佛繞百千迊即以天華而散佛上
所散之華如須弥山并以供養佛菩提樹華
供養已各以宮殿奉上彼佛而作是言唯見
哀愍饒益我等所獻宮殿願垂納受尒時
諸梵天王即於佛前一心同聲以偈頌曰
世尊甚難見　破諸煩惱者　過百三十劫　今乃得一見
諸飢渴眾生　以法雨充滿　昔所未曾有　无量智慧者
如優曇鉢羅　今日乃值遇　我等諸宮殿　蒙光故嚴飾
世尊大慈愍　唯願垂納受
尒時諸梵天王偈讚佛已各作是言唯願世
尊轉於法輪令一切世間諸天魔梵沙門婆
羅門皆獲安隱而得度脫諸梵天王一心同

尊轉於法輪令一切世間諸天魔梵沙門婆
羅門皆獲安隱而得度脫諸梵天王一心同
聲以偈頌曰
唯願天人尊　轉無上法輪　擊于大法鼓　而吹大法螺
普雨大法雨　度無量眾生　我等咸歸請　當演深遠音
尒時大通智勝如來嘿然許之西南方乃至
下方亦復如是尒時上方五百万億國土諸
大梵王皆悉自覩所止宮殿光明威曜昔所
未有歡喜踊躍生希有心即各相詣共議此
事以何因緣我等宮殿有斯光明時彼眾中
有一大梵天王名曰尸棄為諸梵眾而說偈言
今以何因緣　我等諸宮殿　威德光明曜　嚴飾未曾有
如是之妙相　昔所未聞見　為大德天生　為佛出世間

勝如来處于道場菩提樹下坐師子座諸天
龍王乾闥婆緊那羅摩睺羅伽人非人等恭
敬圍繞及見十六王子請佛轉法輪時諸梵
天王頭面礼佛繞百千匝即以天華而散佛
上所散之華如須弥山并以供養佛菩提樹
華供養已各以宮殿奉上彼佛而作是言唯
見哀愍饒益我等所獻宮殿願垂納受時
諸梵天王即於佛前一心同聲以偈頌曰
善哉見諸佛　救世之聖尊　能於三界獄　勉出諸衆生
普智天人尊　哀愍群萌類　能開甘露門　廣度於一切
於昔无量劫　空過无有佛　世尊未出時　十方常暗瞑
三惡道增長　阿脩羅亦盛　諸天衆轉減　死多墮惡道

三惡道增長　阿脩羅亦盛　諸天衆轉減　死多墮惡道
不從佛聞法　常行不善事　色力及智慧　斯等皆減少
罪業因緣故　失樂及樂想　住於邪見法　不識善儀則
不蒙佛所化　常墮於惡道　佛為世間眼　久遠時乃出
哀愍諸衆生　故現於世間　超出成正覺　我等甚欣慶
及餘一切衆　喜歎未曾有　我等諸宮殿　蒙光故嚴飾
今以奉世尊　唯垂哀納受　願以此功德　普及於一切
我等與衆生　皆共成佛道
尒時五百万億諸梵天王偈讚佛已各白佛
言唯願世尊轉於法輪多所安隱多所度脫
時諸梵天王而說偈言
世尊轉法輪　擊甘露法鼓　度苦惱衆生　開示涅槃道
唯願受我請　以大微妙音　哀愍而敷演　无量劫習法

爾時大通智勝如來受十方諸梵天王及
十六王子請即時三轉十二行法輪若沙門
婆羅門若天魔梵及餘世間所不能轉謂是苦
是苦集是苦滅是苦滅道及廣說十二因緣
法无明緣行行緣識識緣名色名色緣六入六
入緣觸觸緣受受緣愛愛緣取取緣有有
緣生生緣老死憂悲苦惱无明滅則行滅行
滅則識滅識滅則名色滅名色滅則六入滅
六入滅則觸滅觸滅則受滅受滅則愛滅愛
滅則取滅取滅則有滅有滅則生滅生滅則
老死憂悲苦惱滅佛於天人大眾之中說是
法時六百万億那由他人以不受一切法故而
於諸漏心得解脫皆得深妙禪定三明六
通具八解脫第二第三第四說法時千万億

於諸漏心得解脫皆得深妙禪定三明六
通具八解脫第二第三第四說法時千万億
恒河沙那由他等衆生亦以不受一切法故
而於諸漏心得解脫從是已後諸聲聞衆无
量无邊不可稱數尒時十六王子皆以童子
出家而爲沙弥諸根通利智慧明了已曾供
養百千万億諸佛淨修梵行求阿耨多羅三
藐三菩提俱白佛言世尊是諸无量千万億
大德聲聞皆已成就世尊亦當爲我等說阿
耨多羅三藐三菩提法我等聞已皆共修學
世尊我等志願如來知見深心所念佛自證
知尒時轉輪聖王所將衆中八万億人見十
亦求出家

經名妙法蓮華教菩薩法佛所護念説是
經已十六沙弥為阿耨多羅三藐三菩提故
皆共受持諷誦通利説是經時十六菩薩
沙弥皆悉受聲聞衆中亦有信解其餘衆
生千万億種皆生疑惑佛説是經於八千劫
未曾休廢説此經已即入靜室住於禪定八
万四千劫是時十六菩薩沙弥知佛入室寂
然禪定各昇法座亦於八万四千劫為四部
衆廣説分別妙法華經一一皆度六百万億
那由他恒河沙等衆生示教利喜令得阿耨
多羅三藐三菩提心大通智勝佛過八万四
千劫已從三昧起往詣法座安詳而坐普告
大衆是十六菩薩沙弥甚為希有諸根通

BD00294　妙法蓮華經卷三

多羅三藐三菩提心大通智勝佛過八万四
千劫已從三昧起往詣法座安詳而坐普告
大衆是十六菩薩沙弥甚為希有諸根通利
智慧明了已曾供養无量千万億數諸佛於
諸佛所常脩梵行受持佛智開示衆生令入
其中汝等皆當數數親近而供養之所以者
何若聲聞辟支佛及諸菩薩能信是十六菩
薩所說經法受持不毀者是人皆當得阿耨
多羅三藐三菩提如來之慧佛告諸比丘是
十六菩薩常樂說是妙法華經一一菩薩
所化六百万億那由他恒河沙等衆生世世
所生與菩薩俱從其聞法悉皆信解以此因
緣得值四万億諸佛世尊于今不盡諸比丘
我今語汝彼佛弟子十六沙弥今皆得阿耨

无量百千万億菩薩聲聞以為眷屬其二
沙弥東方作佛一名阿閦在歡喜國二名須弥
頂東南方二佛一名師子音二名師子相南
方二佛一名虛空住二名常滅西南方二佛
一名帝相二名梵相西方二佛一名阿弥陁
二名度一切世間苦惱西北方二佛一名多
摩羅跋栴檀香神通二名須弥相北方二佛
一名雲自在二名雲自在王東北方佛名壞
一切世間怖畏第十六我釋迦牟尼佛於娑
婆國土成阿耨多羅三藐三菩提諸比丘我
等為沙弥時各各教化无量百千万億恒河
沙等衆生從我聞法為阿耨多羅三藐三菩

BD00294　妙法蓮華經卷三

沙等衆生從我聞法為阿耨多羅三藐三菩
提此諸衆生于今有住聲聞地者我常教化
阿耨多羅三藐三菩提是諸人等應以是法
漸入佛道所以者何如来智慧難信難解尓
時所化无量恒河沙等衆生者汝等諸比丘
及我滅度後未来世中聲聞弟子是也我滅
度後復有弟子不聞是經不知不覺菩薩所
行自於所得功德生滅度想當入涅槃我於
餘國作佛更有異名是人雖生滅度之想入
於涅槃而於彼土求佛智慧得聞是經唯以
佛乘而得滅度更无餘乘除諸如来方便說
法諸比丘若如来自知涅槃時到衆又清淨
信解堅固了達空法深入禪定便集諸菩薩

度唯一佛乘得滅度耳比丘當知如來方便
深入衆生之性知其志樂小法深著五欲為
是等故說於涅槃是人若聞則便信受譬如
五百由旬險難惡道曠絕無人怖畏之處若
有多衆欲過此道至珍寶處有一導師聰慧
明達善知險道通塞之相將導衆人欲過此
難所將人衆中路懈退白導師言我等疲極
而復怖畏不能復進前路猶遠今欲退還導
師多諸方便而作是念此等可愍云何捨大珍
寶而欲退還作是念已以方便力於險道中
過三百由旬化作一城告衆人言汝等勿怖
莫得退還今此大城可於中止隨意所作若
入是城快得安隱若能前至寶所亦可得
去是時疲極之衆心大歡喜歎未曾有我等

莫得退還今此大城可於中止隨意所作
入是城快得安隱若能前至寶所亦可得
去是時疲極之衆心大歡喜歎未曾有我等
今者免斯惡道快得安隱於是衆人前入化
城生已度想生安隱想尒時導師知此人衆
既得止息无復疲惓即滅化城語衆人言汝
等去来寶處在近向者大城我所化作為止
息耳諸比丘如来亦復如是今為汝等作大
導師知諸生死煩惱惡道險難長遠應去應
度若衆生但聞一佛乘者則不欲見佛不欲
親近便作是念佛道長遠久受懃苦乃可得
成佛知是心怯弱下劣以方便力而於中道
為止息故說二涅槃若衆生住於二地如来

但是如来方便之力，於一佛乘分別說三。如彼導師，為止息故，化作大城，既知息已，而告之言：寶處在近，此城非實，我化作耳。尒時世尊欲重宣此義，而說偈言：

大通智勝佛　十劫坐道場　佛法不現前　不得成佛道
諸天神龍王　阿脩羅眾等　常雨於天華　以供養彼佛
諸天擊天鼓　并作眾伎樂　香風吹萎華　更雨新好者
過十小劫已　乃得成佛道　諸天及世人　心皆懷踊躍
彼佛十六子　皆與其眷屬　千万億圍繞　俱行至佛所
頭面禮佛足　而請轉法輪　聖師子法雨　充我及一切
世尊甚難值　久遠時一現　為覺悟群生　震動於一切
東方諸世界　五百万億國　梵宮殿光曜　昔所未曾有
諸梵見此相　尋來至佛所　散華以供養　并奉上宮殿

東方諸世界　五百万億國　梵宮殿光曜　昔所未曾有
諸梵見此相　尋來至佛所　散華以供養　并奉上宮殿
請佛轉法輪　以偈而讚嘆　佛知時未至　受請嘿然坐
三方及四維　上下亦復尒　散華奉宮殿　請佛轉法輪
世尊甚難值　願以大慈悲　廣開甘露門　轉无上法輪
无量慧世尊　受彼衆人請　為宣種種法　四諦十二緣
无明至老死　皆從生緣有　如是衆過患　汝等應當知
宣暢是法時　六百万億姟　得盡諸苦際　皆成阿羅漢
第二說法時　千万恒沙衆　扵諸法不受　亦得阿羅漢
從是後得道　其數无有量　万億劫筭數　不能得其邊
時十六王子　出家作沙弥　皆共請彼佛　演說大乘法
我等及營從　皆當成佛道　願得如世尊　慧眼第一淨
佛知童子心　宿世之所行　以无量因緣　種種諸譬喻

彼佛說經已　靜室入禪定
一心一處坐　八万四千劫　是諸沙彌等　知佛禪未出
為无量億衆　說佛无上慧　各各坐法坐　說是大乘經
於佛宴寂後　宣揚助法化　一一沙彌等　所度諸衆生
有六百万億　恒河沙等衆　彼佛滅度後　是諸聞法者
在在諸佛土　常與師俱生　是十六沙彌　具足行佛道
今現在十方　各得成正覺　尒時聞法者　各在諸佛所
其有住聲聞　漸教以佛道　我在十六數　曾亦為汝說
是故以方便　引汝趣佛慧　以是本因緣　今說法華經
令汝入佛道　慎勿懷驚懼　譬如險惡道　迥絕多毒獸
又復无水草　人所怖畏處　无數千万衆　欲過此險道
其路甚曠遠　經五百由旬　時有一導師　強識有智慧
明了心決定　在險濟衆難　衆人皆疲惓　而白導師言
我等今頓乏　於此欲退還　導師作是念　此輩甚可愍

我等今頓乏　於此欲退還　導師作是念　此輩甚可愍
如何欲退還　而失大珍寶　尋時思方便　當設神通力
化作大城郭　莊嚴諸舍宅　周匝有園林　渠流及浴池
重門高樓閣　男女皆充滿　即作是化已　慰衆言勿懼
汝等入此城　各可隨所樂　諸人既入城　心皆大歡喜
皆生安隱想　自謂已得度　導師知息已　集衆而告言
汝等當前進　此是化城耳　我見汝疲極　中路欲退還
故以方便力　權化作此城　汝今勤精進　當共至寶所
我亦復如是　爲一切導師　見諸求道者　中路而懈廢
不能度生死　煩惱諸險道　故以方便力　爲息說涅槃
言汝等苦滅　所作皆已辦　既知到涅槃　皆得阿羅漢
尒乃集大衆　爲說眞實法　諸佛方便力　分別說三乘
唯有一佛乘　息處故說二　今爲汝說實　汝所得非滅

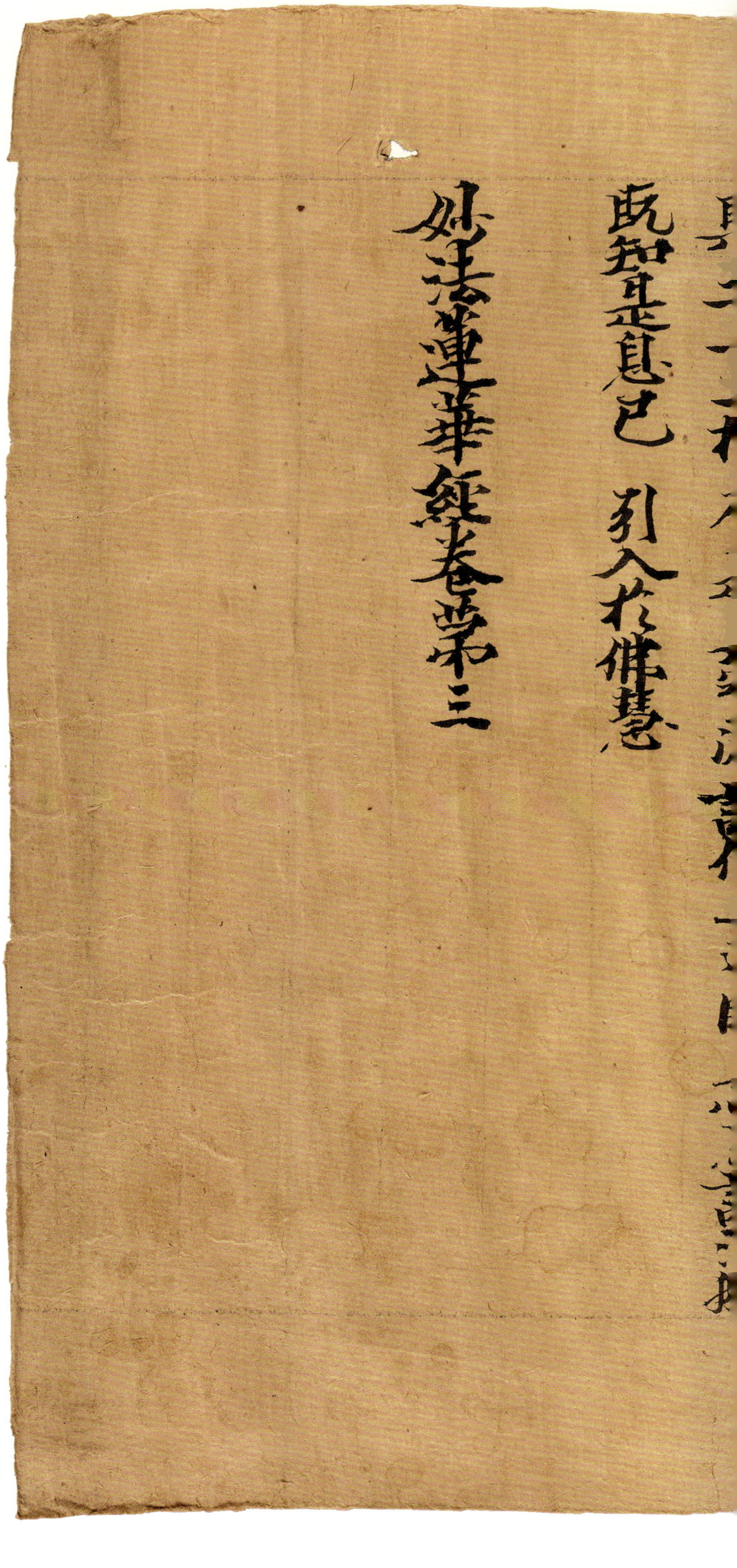

既知是息已　引入於佛慧

妙法蓮華經卷第三

BD00295

金光明最勝王經卷八

（唐）義净 譯

230.8cm×25.2cm

訶訶訶訶訶　　呬呬呬呬呬
呼呼呼呼呼　　漢魯曇謎瞿曇謎
者者者者者　　只只只只主主主主
旃荼橘涉之鉢攞　　尸揭囉上尸揭羅
嗢底瑟侘呬　　薄伽梵僧慎尒耶
莎訶
若復有人於此明呪能受持者我當給與資
生樂具飲食衣服花果珎異或求男女童男
童女金銀珎寶諸瓔珞具我皆供給隨所願
求令无闕之此之明呪有大威力若誦呪時
我當速至其所令无障礙隨意成就若持此
呪時應知其法先畫一鋪僧慎尒耶藥叉形
像高四五尺手執鉾鑹於此像前作四方壇

摩芥子燒於爐中口誦前呪一百八遍一遍
一燒乃至我藥叉大將自來現身問呪人曰
尒何所須意所求者即以事荅我即隨言於
所求事皆令滿足或須金銀及諸伏藏或欲
神仙乘空而去或求天眼通或知他心事於
一切有情隨意自在令斷煩惱速得解脫皆
得成就
尒時世尊告正了知藥叉大將曰善哉善哉
汝能如是利益一切衆生說此神呪擁護正
法福利无邊

金光明最勝王經王法正論品第廿

尒時此大地神女名曰堅牢於大衆中從座
而起頂礼佛足合掌恭敬白佛言世尊於諸

而起頂礼佛足合掌恭敬白佛言世尊於諸
國中爲人王者若无正法不能治國安養衆
生及以自身長居勝位唯願世尊慈悲哀愍
當爲我説王法正論治國之要令諸人王得
聞法已如説修行正化於世能令勝位永保
安寧國内居人咸蒙利益
尒時世尊於大衆中告堅牢地神曰汝當諦
聽過去有王名力尊幢其王有子名曰妙幢
受灌頂位未久之須尒時父王告妙幢言有
王法正論名天主教法我於昔時受灌頂位
而爲國主我之父王名智力尊幢爲我説是
王法正論我依此論於二万歳善治國土我
不曾憶起一念心行於非法汝於今日亦應
如是勿以非法而治於國云何名爲王法正論

我說王法論　利安諸有情　為斷世間疑　滅除衆過失
一切諸天衆　及以人中王　當生歡喜心　合掌聽我說
往昔諸天衆　集在金剛山　四王從座起　請問於大梵
梵主最勝尊　天中大自在　願哀愍我等　為斷諸疑惑
云何處人世　而得名為天　復以何因緣　号名曰天子
云何生人間　獨得為人主　云何在天上　復得作天王
如是護世間　問彼梵王已　尒時梵天主　即便為彼說
護世汝當知　為利有情故　問我治國法　我說應善聽
由先善業力　生天得作王　若在於人中　統領為人主
諸天共加護　然後入母胎　既至母胎中　諸天復守護
雖生在人世　尊勝故名天　由諸天護持　亦得名天子
三十三天主　分力助人王　及一切諸天　亦資自在力
除滅諸非法　惡業令不生　教有情修善　使得生天上
人及蘇羅衆　并揵闥婆等　羅刹旃荼羅　悉皆資半力

除滅諸非罪　惡業令不生　教有情修善　使得生天上
人及蘇羅眾　并健闥婆等　羅剎栴荼羅　悉皆資半力
父母資半力　令捨惡修善　諸天共護持　示其善惡報
若造善惡業　令於現世中　諸天共護持　示其善惡報
國人造惡業　王捨不禁制　斯非順正理　治擯當如法
若見惡不遮　非法便滋長　遂令王國內　姧詐日增多
王見國中人　造惡不遮止　三十三天眾　咸生忿怒心
因此損國政　諂偽行世間　被他怨敵侵　破壞其國土
居家及資具　積財皆散失　種種諂誑生　更互相侵奪
由正法得王　而不行其法　國土皆破散　如象踏蓮池
惡風起无恒　暴雨非時下　妖星多變怪　日月蝕无光
五穀眾花果　苗實皆不成　國土遭飢饉　由王捨正法
若王捨正法　以惡法化生　諸天處本宮　見已生憂惱
彼諸天王眾　共作如是言　此王作非法　惡黨相親附

天主不護念　餘天咸捨棄　國土當滅亡　王身受苦厄
父母及妻子　兄弟并姊妹　俱遭愛別離　乃至身亡沒
變怪流星墮　二日俱時出　他方怨賊來　國人遭喪亂
國所重大臣　枉橫而身死　所愛象馬等　亦復皆散失
處處有兵戈　人多非法死　惡鬼來入國　疾疫遍流行
國中最大臣　及以諸輔相　其心懷諂佞　並悉行非法
見行非法者　而生於愛敬　於行善法人　苦楚而治罰
由愛敬惡人　治罰善人故　星宿及風雨　皆不以時行
有三種過生　正法當隱沒　衆生无光色　地肥皆下沉
由敬惡輕善　復有三種過　非時降霜雹　飢疫苦流行
穀稼諸果實　滋味皆損減　於其國土中　衆生多疾疫
國中諸樹林　先生甘美果　由斯皆損減　苦澀无滋味
先有妙園林　可愛遊戲處　忽然皆枯悴　見者生憂惱
稻麦諸果實　美味漸消亡　食時心不喜　可能長諸大

先有妙園林　可愛遊戲處　忽然皆枯悴　見者生憂惱
稻麦諸果實　美味漸消亡　食時心不喜　何能長諸大
衆生光色滅　勢力盡衰微　食噉雖復多　不能令飽足
於其國界中　所有衆生類　少力无勇勢　所作不堪能
國人多疾患　衆苦逼其身　鬼魅遍流行　隨處生羅剎
若王作非法　親近於惡人　令三種世間　因斯受衰損
如是无邊過　出在於國中　皆由見惡人　棄捨不治擯
由諸天加護　得作於國王　而不以正法　守護於國界
若人修善行　當得生天上　若造惡業者　死必墮三塗
若王見國人　縱其造過失　三十三天衆　皆生熱惱心
不順諸天教　及以父母言　此是非法人　非王非孝子
若於自國中　見行非法者　如法當治罰　不應生捨棄
是故諸天衆　皆擁護此王　以滅諸惡法　能修善根故
王於此世中　必招於現報　由於善惡業　行捨勸衆生

假使失王位　及以害命緣　終不行惡法　見惡而捨棄
宮中撿重者　无過失國位　皆因諂佞人　為此當治罰
若有諂誑人　當失扵國位　由斯損王政　如象入花園
天主皆瞋恨　阿蘇羅亦然　以彼為人王　不以法治國
是故應如法　治罰扵惡人　以善化眾生　不順扵非法
寧捨扵身命　不隨非法友　扵親及非親　平等觀一切
若為正法王　國内无偏黨　法王有名稱　普聞三界中
三十三天眾　歡喜作是言　贍部洲治王　彼即是我子
以善化眾生　正法治扵國　勸行扵正法　當令生我宮
天及諸天子　及以蘇羅眾　因王正法化　常得心歡喜
天眾皆歡喜　共護扵人王　眾星依位行　日月无乖度
和風常應節　甘雨順時行　苗實皆善成　人无飢饉者
一切諸天眾　充滿扵自宮　是故汝人王　忘身弘正法
應尊重法寶　由斯眾安樂　常當親正法　功德自莊嚴

一切諸天衆　充滿於自宮　是故汝人王　忘身弘正法
應尊重法寶　由斯衆安樂　常當親正法　功德自莊嚴
眷屬常歡喜　能遠離諸惡　以法化衆生　恒令得安樂
令彼一切人　修行於十善　率土常豐樂　國土得安寧
王以法化人　善調於惡行　當得好名稱　安樂諸衆生
尒時大地一切人王及諸大衆聞佛說此古
昔人王治國要法得未曾有皆大歡喜信受
奉持
金光明最勝王經卷第八
擻陟履　拄誅主

BD00295　金光明最勝王經卷八

BD00296

維摩詰所説經卷中

（後秦）鳩摩羅什 譯

510cm × 25.5cm

所悕望文殊師利又問生死有畏菩薩當何
所依維摩詰言菩薩於生死畏中當依如來
功德之力文殊師利又問菩薩欲依如來功
德之力當於何住荅曰菩薩欲依如來功德
力者當住度脫一切衆生又問欲度衆生當
何所除荅曰欲度衆生除其煩惱又問欲除
荅曰當行正念又問云何行
又問何法不生
何法不滅荅曰不善不生善法不滅又問善
不善孰為本荅曰身為本又問身孰為本荅
曰欲貪為本又問欲貪孰為本荅曰虛妄分
別為本又問虛妄分別孰為本荅曰顛倒想
為本又問顛倒想孰為本荅曰無住為本又
問無住孰為本荅曰無住則無本文殊師利

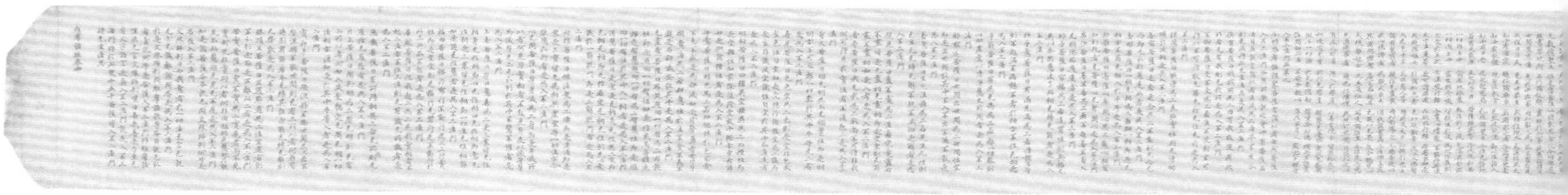

便現其身即以天華散諸菩薩大弟子上華
至諸菩薩即皆墮落至大弟子便著不墮一
切弟子神力去華不能令去尒時天問舍利
弗何故去華荅曰此華不如法是以去之天
日勿謂此華為不如法所以者何是華无所
分別仁者自生分別想耳若於佛法出家有
所分別為不如法若无所分別是則如法觀諸
菩薩華不著者以斷一切分別想故譬如人
畏時非人得其便如是弟子畏生死故色聲
香味觸得其便已離畏者一切五欲无能為
也結習未盡華著身耳結習盡者華不著也
舍利弗言天止此室其已久如荅曰我止此室
如耆年解脫舍利弗言止此久耶天曰耆
年解脫亦何如久舍利弗嘿然不荅天曰如

年解脱亦何如久舍利弗嘿然不荅天曰如
何耆舊大智如嘿荅曰解脱者无所言説故
吾於是不知所云天曰言説文字皆解脱相
所以者何解脱者不内不外不在兩間文字
亦不内不外不在兩間是故舍利弗无離文
字説解脱也所以者何一切諸法皆解脱相
舍利弗言不復以離婬怒癡為解脱乎天曰
佛為增上慢人説離婬怒癡為解脱耳若无
增上慢者佛説婬怒癡性即是解脱
舍利弗言善哉善哉天女汝何所得以何為
證辯乃如是天曰我无得无證故辯如是所
以者何若有得有證者則於佛法為增上慢
舍利弗問天汝於三乘為何志求天曰以聲
聞法化衆生故我為聲聞以因緣法化衆生

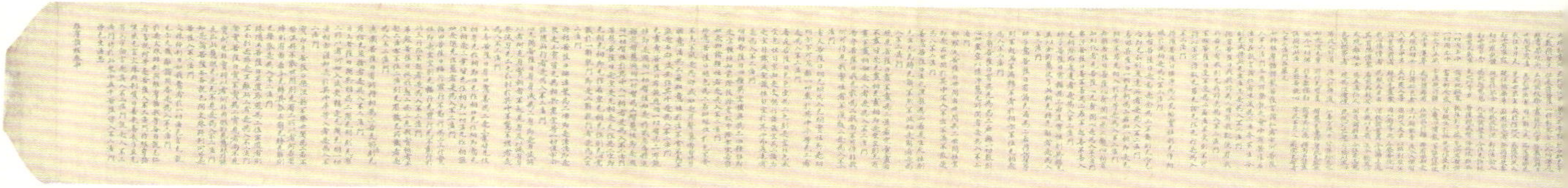

如是若入此室但聞佛功德之香不樂聞聲
聞辟支佛功德香也舍利弗其有釋梵四天
王諸天龍鬼神等入此室者聞斯上人講說
正法皆樂佛功德之香發心而出舍利弗吾止
此室十有二年初不聞說聲聞辟支佛法但聞
菩薩大慈大悲不可思議諸佛之法舍利
弗此室常現八未曾有難得之法何等為八
此室常以金色光照晝夜无異不以日月所
照為明是為一未曾有難得之法此室入者
不為諸垢之所惱也是為二未曾有難得之
法此室常有釋梵四天王他方菩薩來會不
絕是為三未曾有難得之法室常說六波
羅蜜不退轉法是為四未曾有難得之法
此室常作天人第一之樂絃出无量法化之聲

BD00296　維摩詰所説經卷中

蜜不退轉法是為四未曾有難得之法
此室常作天人第一之樂弦出无量法化之聲
是為五未曾有難得之法此室有四大藏衆
寶積滿周窮濟乏求得无盡是為六未曾
有難得之法此室釋迦牟尼佛阿弥陁阿閦
佛寶德寶炎寶月寶嚴難勝師子響一
切利成如是等十方无量諸佛是上人念時即皆
為来廣說諸佛秘要法藏說已還去為七
未曾有難得之法此室一切諸天嚴飾宮殿
諸佛淨土皆於中現是為八未曾有難得之
法舍利弗此室常現八未曾有難得之法誰
有見斯不思議事而復樂於聲聞法乎
舍利弗言汝何以不轉女身天曰我從十二
年来求女人相了不可得當何所轉譬如幻
師化作幻女若有人問何以不轉女身是人

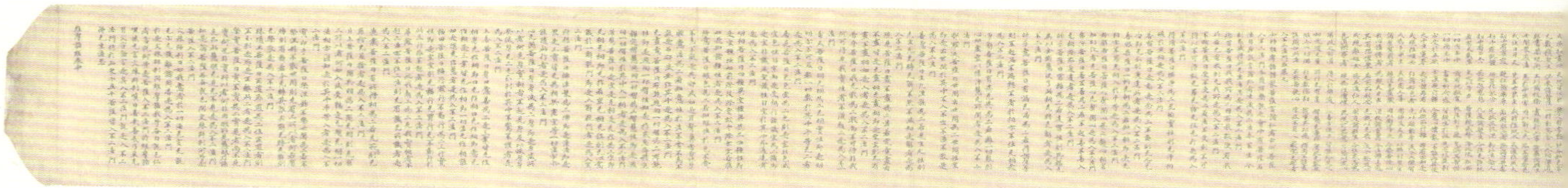

乃問不轉女身即時天女以神通力變舍利
弗令如天女天自化身如舍利弗而問言何
以不轉女身舍利弗以天女像而荅言我今
不知何轉而變為女身天曰舍利弗若能轉
此女身則一切女人亦當能轉如舍利弗非
女而現女身一切女人亦復如是雖現女身
而非女也是故佛說一切諸法非男非女即
時天女還攝神力舍利弗身還復如故天問
舍利弗女身色相今何所在舍利弗言女身
色相无在无不在天曰一切諸法亦復如是
无在无不在夫无在无不在者佛所說也舍
利弗問天汝於此沒當生何所天曰佛化所
生吾如彼生曰佛化所生非沒生也天曰衆
生猶然无沒生也舍利弗問天汝久如當得

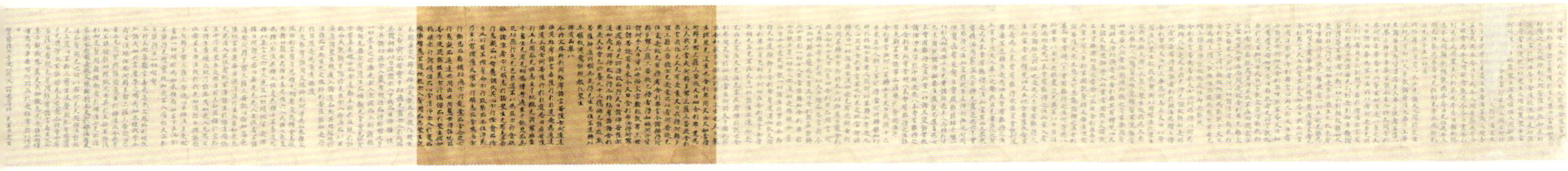

生者如佛化所生非沒生也天曰衆
生猶然无沒生也舍利弗問天汝久如當得
阿耨多羅三藐三菩提天曰如舍利弗還爲
凡夫我乃當成阿耨多羅三藐三菩提舍利
弗言我作凡夫无有是處天曰我得阿耨多
羅三藐三菩提亦无是處所以者何菩提无
住處是故无有得者舍利弗言今諸佛得阿
耨多羅三藐三菩提已得當得如恒河沙皆
謂何乎天曰皆以世俗文字數故說有三世
非謂菩提有去來今天曰舍利弗汝得阿羅
漢道耶曰无所得故而得天曰諸佛菩薩亦
復如是无所得故而得尒時維摩詰語舍利
弗是天女曾已供養九十二億佛已能遊戲
菩薩神通所願具足得无生忍住不退轉以
本願故隨意能現教化衆生

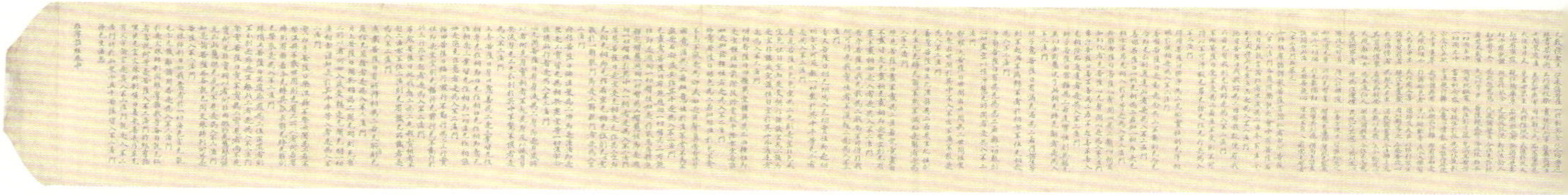

佛道維摩詰言若菩薩行於非道是為通達
佛道又問云何菩薩行於非道荅曰若菩薩
行五无間而无惱恚至于地獄无諸罪垢至
于畜生无有无明憍慢等過至于餓鬼而具
足功德行色无色界道不以為勝示行貪欲
離諸染着示行瞋恚於諸衆生无有恚㝵示
行愚癡而以智慧調伏其心示行慳貪而捨
内外所有不惜身命示行毀禁而安住淨戒
乃至小罪猶懷大懼示行瞋恚而常慈忍示
行懈怠而懃脩功德示行亂意而常念定示
行愚癡而通達世間出世間慧示得諂僞而
善方便隨諸經義示行憍慢而於衆生猶如
橋梁示行諸煩惱而心常清淨示入於魔而
順佛智慧不隨他教示入聲聞而為衆生說

BD00296　維摩詰所説經卷中

順佛智慧不隨他教示入聲聞而為衆生說
未聞法示入辟支佛而成就大悲教化衆生
示入貧窮而有寶手功德无盡示入形殘而
具諸相好以自莊嚴示入下賤而生佛種性
中具諸功德示入羸劣醜陋而得那羅延身
一切衆生之所樂見示入老病而永斷病根
超越死畏示有資生而恒觀无常實无所貪
示有妻妾婇女而常遠離五欲淤泥現於訥
鈍而成就辯才揔持无失示入邪濟而以正
濟度諸衆生現遍入諸道而斷其因緣現於
涅槃而不斷生死文殊師利菩薩能如是行
於非道是為通達佛道
於是維摩詰問文殊師利何等為如來種文
殊師利言有身為種无明有愛為種貪恚癡

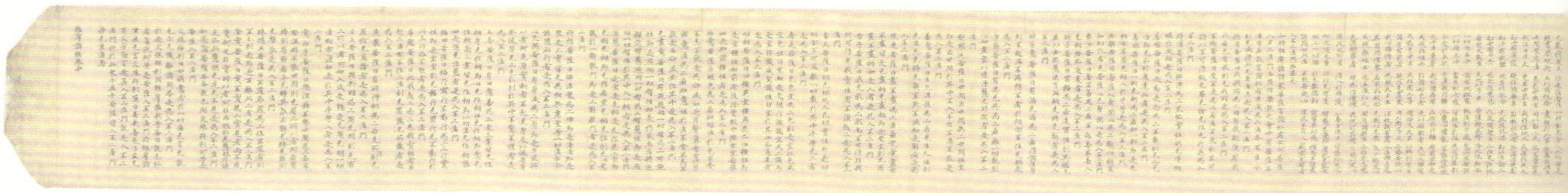

種以要言之六十二見及一切煩惱皆是佛
種曰何謂也答曰若見无爲入正位者不能
復發阿耨多羅三藐三菩提心譬如高原
陸地不生蓮華卑濕汙泥乃生此華如是見
无爲法入正位者終不復能生於佛法煩惱
泥中乃有衆生起佛法耳又如殖種於空終
不得生糞壤之地乃能滋茂如是入无爲正
位者不生佛法起於我見如須弥山猶能發
于阿耨多羅三藐三菩提心生佛法矣是故
當知一切煩惱爲如來種譬如不下巨海則
不能得无價寶珠如是不入煩惱大海則
不能得生一切智寶
尒時大迦葉歎言善哉善哉文殊師利快說
此語誠如所言塵勞之疇爲如來種我等今

尒時大迦葉歎言善哉善哉文殊師利快說
此語誠如所言塵勞之儔為如來種我等今
者不復堪任發阿耨多羅三藐三菩提心乃
至五无間罪猶能發意生於佛法而今我等
永不能發譬如根敗之士其於五欲不能復
利如是聲聞諸結斷者於佛法中无所復
益永不志願是故文殊師利凡夫於佛法有反
復而聲聞无也所以者何凡夫聞佛法能起
无上道心不斷三寶正使聲聞終身聞佛法
力无畏等永不能發无上道意尒時會中有
菩薩名普現色身問維摩詰言居士父母
妻子親戚眷屬吏民知識悉為是誰奴婢僮
僕象馬車乘皆何所在於是維摩詰以偈荅
曰
智度菩薩母　方便以為父　一切眾導師　无不由是生

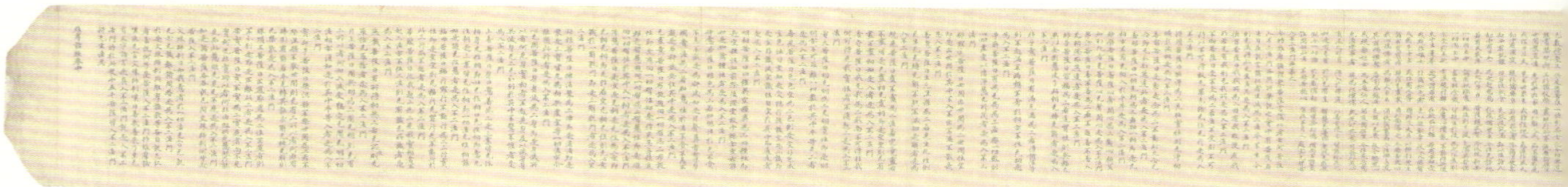

諸度法等侶　四攝為伎女　歌詠誦法言　以此為音樂
摠持之園苑　无漏法林樹　覺意淨妙華　解脫智慧果
八解之浴池　定水湛然滿　布以七淨華　浴此无垢人
象馬五通馳　大乘以為車　調御以一心　遊於八正路
相具以嚴容　衆好飾其姿　慚愧之上服　深心為華鬘
富有七財寶　教授以滋息　如所說脩行　迴向為大利
四禪為牀座　從於淨命生　多聞增智慧　以為自覺音
甘露法之食　解脫味為漿　淨心以澡浴　戒品為塗香
摧滅煩惱賊　勇健无能踰　降伏四種魔　勝幡建道場
雖知无起滅　示彼故有生　悉現諸國土　如日无不見
供養於十方　无量億如來　諸佛及己身　无有分別想
雖知諸佛國　及與衆生空　而常脩淨土　教化於群生
諸有衆生類　形聲及威儀　无畏力菩薩　一時能盡現
覺知衆魔事　而示隨其行　以善方便力　隨意皆能現

諸有衆生類　形聲及威儀　无畏力菩薩　一時能盡現
覺知衆魔事　而示隨其行　以善方便力　隨意皆能現
或示老病死　成就諸群生　了知如幻化　通達无有閡
或現劫盡燒　天地皆洞然　衆人有常想　照令知无常
无數億衆生　俱來請菩薩　一時到其舍　化令向佛道
經書禁呪術　工巧諸伎藝　盡現行此事　饒益諸群生
世間衆道法　悉於中出家　因以解人惑　而不墮耶見
或作日月天　梵王世界主　或時作地水　或復作風大
劫中有疾疫　現作諸藥草　若有服之者　除病消衆毒
劫中有飢饉　現身作飲食　先救彼飢渴　却以法語人
劫中有刀兵　為之起慈悲　化彼諸衆生　令住无諍地
若有大戰陣　立之以等力　菩薩現威勢　降伏使和安
一切國土中　諸有地獄處　輒往到于彼　免濟其苦惱
一切國土中　畜生相食噉　皆現生於彼　為之作益利
示受於五欲　亦復現行禪　令魔心憒亂　不能得其便

或為邑中主　或作商人導　國師及大臣　以祐利衆生
諸有貧窮者　現作无盡藏　因以勸導之　令發菩提心
我心憍慢者　為現大力士　消伏諸貢高　令住佛上道
其有恐懼衆　居前而慰安　先施以无畏　後令發道心
或現離婬女　為五通仙人　開導諸群生　令住戒忍慈
見須供事者　現為作僮僕　既悅可其意　乃發以道心
隨彼之所須　得入於佛道　以善方便力　皆能給足之
如是道无量　所行无有崖　智慧无邊際　度脫无數衆
假令一切佛　於无數億劫　讚嘆其功德　猶尚不能盡
誰聞如此法　不發菩提心　除彼不肖人　癡冥无智者

入不二法門品第九

尒時維摩詰謂衆菩薩言諸仁者云何菩薩入不二法門各隨所樂說之會中有菩薩名法自在說言諸仁者生滅為二法本不生今

入不二法門各隨所樂説之會中有菩薩名
法自在説言諸仁者生滅為二法本不生今
則无滅得此无生法忍是為入不二法門
德首菩薩曰我我所為二因有我故便有我
所若无有我則无我所是為入不二法門
不眴菩薩曰受不受為二若法不受則不可
得以不可得故无取无捨无作无行是為入
不二法門
得頂菩薩曰垢淨為二見垢實性則无淨相
順於滅相是為入不二法門
善宿菩薩曰是動是念為二不動則无念无
念即无分別通達此者是為入不二法門
善眼菩薩曰一相无相為二若知一相即是无
相亦不取无相入於平等是為入不二法門
妙臂菩薩曰菩薩心聲聞心為二觀心相空

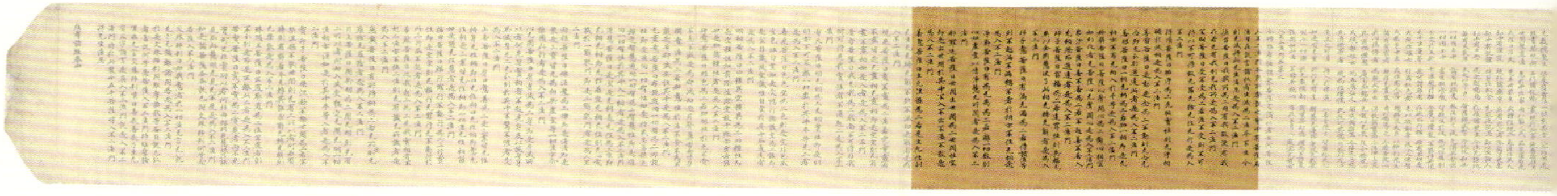

无相際而通達者是為入不二法門
師子菩薩曰罪福為二若達罪性則與福无
異以金剛慧決了此相无縛无解者是為入
不二法門
師子意菩薩曰有漏无漏為二若得諸法等
則不起漏不漏想不著於相亦不住无相是
為入不二法門
淨解菩薩曰有為无為為二若離一切數則
心如虛空以清淨慧无所閡者是為入不二
法門
那羅延菩薩曰世間出世間為二世間性空
即是出世間於其中不入不出不溢不散是
為入不二法門
善意菩薩曰生死涅槃為二若見生死性則

BD00296　維摩詰所説經卷中

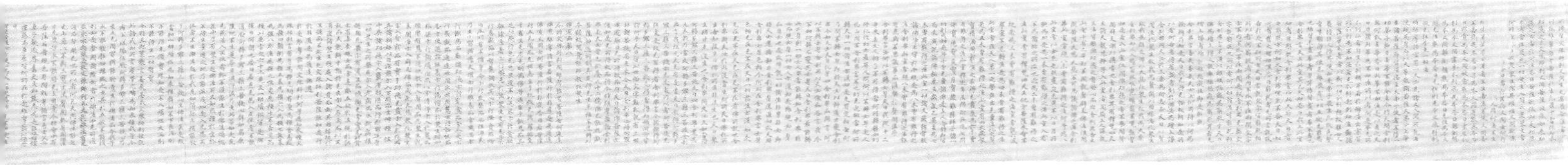

爲入不二法門
善意菩薩曰生死涅槃爲二若見生死性則
无生死无縛无解不然不滅如是解者是爲
入不二法門
現見菩薩曰盡不盡爲二法若究竟盡若
不盡皆是无盡相无盡相即是空空則无有
盡不盡相如是入者是爲入不二法門
普守菩薩曰我无我爲二我尚不可得非我
何可得見我實性者不復起二是爲入不二
法門
電天菩薩曰明无明爲二无明實性即是明
明亦不可取離一切數於其中平等无二者
是爲入不二法門
喜見菩薩曰色色空爲二色則是空非色滅
空色性自空如是受想行識識空爲二識即

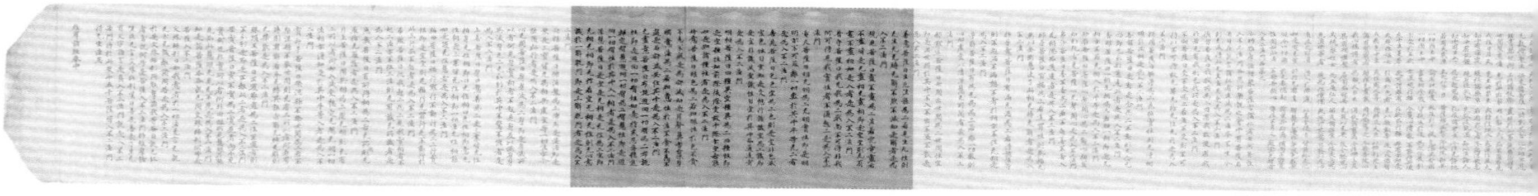

明相菩薩曰四種異空種異為二四種性即
是空種性如前際後際空故中際亦空若能
如是知諸種性者是為入不二法門
妙意菩薩曰眼色為二若知眼性於色不貪
不恚不癡是為寂滅如是耳聲鼻香舌味身
觸意法為二若知意性於法不貪不恚不
癡是名寂滅安住其中是為入不二法門
无盡意菩薩曰布施迴向一切智為二布施
性即是迴向一切智性如是持戒忍辱精進
禪定智慧迴向一切智為二智慧性即是迴
向一切智性於其中入一相者是為入不二法門
深慧菩薩曰是空是无相是无作為二空即
无相无相即无作若空无相无作則无心意
識於一解脫門即是三解脫門者是為入不

識於一解脫門即是三解脫門者是為入不
二法門
寂根菩薩曰佛法衆為二佛即是法法即是
衆是三寶皆无為相與虛空等一切法亦尒
能隨此行者是為入不二法門
心无閡菩薩曰身身滅為二身即是身滅所
以者何見身實相者不起見身及以滅身身
與滅身无二无分別於其中不驚不懼者是
為入不二法門
上善菩薩曰身口意善為二是三業皆无作
相身无作相即口无作相口无作相即意无
作相是三業无作相即一切法无作相能
如是隨无作慧者是為入不二法門
福田菩薩曰福行罪行不動行為二三行實

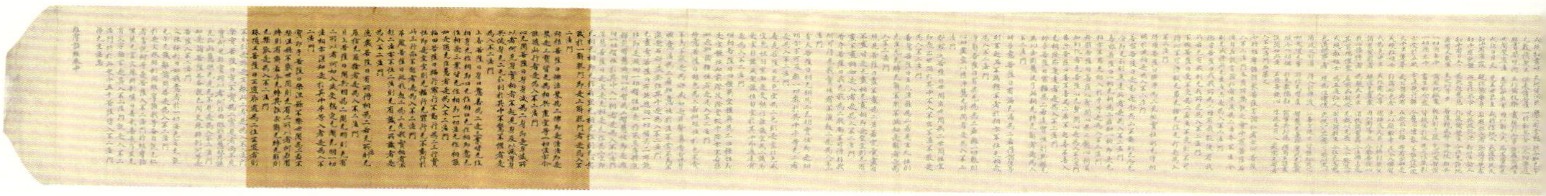

華嚴菩薩曰從我起二為二見我實相者不
起二法亦不住二法則无有識无所識者是
為入不二法門
德藏菩薩曰有所得相為二若无所得則无
取捨无取捨者是為入不二法門
月上菩薩曰闇與明為二闇无明則无有
二所以者何如入滅受想定无闇无明一切
法相亦復如是於其中平等入者是為入不
二法門
寶印手菩薩曰樂涅槃不樂世間為二若不
樂涅槃不猒世間則无有二所以者何若有
縛則有解若本无縛其誰求解无縛无解則
无樂猒是為入不二法門
珠頂王菩薩曰正道耶道為二住正道者則

BD00296　維摩詰所説經卷中

珠頂王菩薩曰正道耶道為二住正道者則
不分別是耶是正離此二者是為入不二法門
樂實菩薩曰實不實為二實見者尚不見
實何況非實所以者何非肉眼所見慧眼乃能
見而此慧眼无見无不見是為入不二法門
如是諸菩薩各各説已問文殊師利何等是
菩薩入不二法門
文殊師利曰如我意者於一切法无言无説
无示无識離諸問荅是為入不二法門
於是文殊師利問維摩詰我等各自説已仁
者當説何等是菩薩入不二法門時維摩詰
嘿然无言文殊師利嘆曰善哉善哉乃至无
有文字語言是真入不二法門説是入不二
法門時於此衆中五千菩薩皆入不二法門
得无生法忍

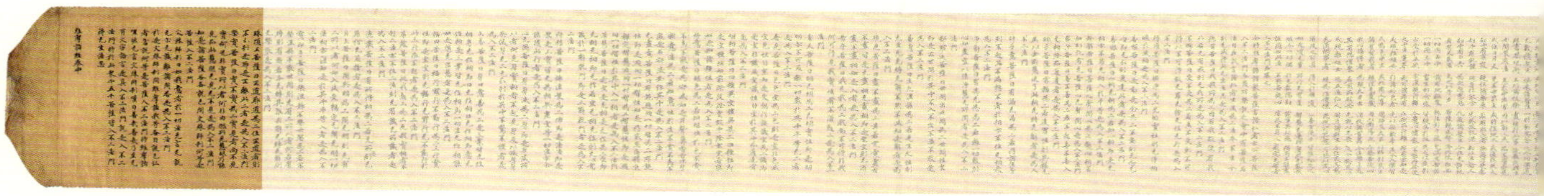

BD00296　維摩詰所説經卷中

BD00297 妙法蓮華經（八卷本）卷六

（後秦）鳩摩羅什 譯

192.3cm × 24.6cm

妙法蓮華經如來壽量品第十六　六
尒時佛告諸菩薩及一切大衆諸善男子汝
信解如來誠諦之語復告大衆汝等當
信解如來誠諦之語又復告諸大衆汝等當
信解如來誠諦之語是時菩薩大衆弥勒為
首合掌白佛言世尊唯願說之我等當信受
佛語如是三白已復言唯願說之我等當信
受佛語尒時世尊知諸菩薩三請不止而告
之言汝等諦聽如來秘密神通之力一切世間
天人及阿脩羅皆謂今釋迦牟尼佛出釋
伽耶城不遠坐於道場得阿耨多羅
藐三菩提然善男子我實成佛已來无量无

[illegible]祇三千大千[illegible]
塵過於東方五百千万億那由他阿僧祇國
乃下一塵如是東行盡是微塵諸善男子
於意云何是諸世界可得思惟挍計知其
數不彌勒菩薩等俱白佛言世尊是諸世界
[illegible]邊非筭數所知亦非心力所及一切
[illegible]辟支佛以无漏智不能思惟知其限數
我等住阿惟越致地於是事中亦所不達世
尊如是諸世界无量无邊尒時佛告大菩薩
衆諸善男子今當分明宣語汝等是諸世界
若著微塵及不著者盡以為塵一塵一劫我
成佛已來復過於此百千万億那由他阿僧
祇劫自從是來我常在此娑婆世界說法教
[illegible]餘處百千万億那由他阿僧祇國導
[illegible]生諸善男子於是中間我說然燈佛等

利衆生諸善男子於是中間我說然燈佛等
又復言其入於涅槃如是皆以方便分別諸
善男子若有衆生來至我所我以佛眼觀其
信等諸根利鈍隨所應度處處自說名字不
同年紀大小亦復現言當入涅槃又以種種
方便說微妙法能令衆生發歡喜心諸善男
子如來見諸衆生樂於小法德薄垢重者為
是人說我少出家得阿耨多羅三藐三菩提
然我實成佛已來久遠若斯但以方便教化
衆生令入佛道作如是說諸善男子如來所
演經典皆為度脫衆生或說己身或說他身
或示己身或示他身或示己事或示他事諸
所言說皆實不虛所以者何如來如實知見
三界之相無有生死若退若出亦無在世及
滅度者非實非虛非如非異不如三界見於

如来明見无有錯謬以諸衆
生有種種性種種欲種種行種種憶想分別
故欲令生諸善根以若干因緣譬喻言辭種
種說法所作佛事未曾暫廢如是我成佛已
來甚大久遠壽命无量阿僧祇劫常住不滅
諸善男子我本行菩薩道所成壽命今猶未
盡復倍上數然今非實滅度而便唱言當取
滅度如来以是方便教化衆生所以者何若
佛久住於世薄德之人不種善根貧窮下賤
貪著五欲入於憶想妄見網中若見如来常
在不滅便起憍恣而懷猒怠不能生難遭之
想恭敬之心是故如来以方便說比丘當知
諸佛出世難可值遇所以者何諸薄德人過
无量百千万億劫或有見佛或不見者以此
事故我作是言諸比丘如来難可得見斯衆

无量百千万億劫或有見佛或不見者以此
事故我作是言諸比丘如來難可得見斯衆
生等聞如是語必當生於難遭之想心懷戀
慕渴仰於佛便種善根是如來雖不實滅
而言滅度又善男子諸佛如來法皆如是爲
度衆生皆實不虛譬如良醫智慧聰達明練
方藥善治衆病其人多諸子息若十二十乃
至百數以有事緣遠至餘國諸子於後飲他
毒藥藥發悶亂宛轉于地是時其父還來歸
家諸子飲毒或失本或不失者遥見其父其
皆大歡喜拜跪問訊善安隱歸我等愚癡誤
服毒藥願見救療更賜壽命父見子等苦
惱如是依諸經方求好藥草色香美味皆悉具
足擣篩和合與子令服而作是言此大良藥

俱好即便服之病盡除愈餘失心者見其父
來雖亦歡喜問訊求索治病然與其藥而不
肯服所以者何毒氣深入失本心故於此好
色香藥而謂不美父作是念此子可愍為毒
所中心皆顛倒雖見我喜求索救療如是好
藥而不肯服我今當設方便令服此藥即作
是言汝等當知我今衰老死時已至是好良
藥今留在此汝可取服勿憂不差作是教已
復至他國遣使還告汝父已死是時諸子聞
父背喪心大憂惱而作是念若父在者慈愍
我等能見救護今者捨我遠喪他國自惟孤
露无復恃怙常懷悲感心遂醒悟乃知此藥
色味香美即取服之毒病皆愈其父聞子悉
已得差尋便來歸咸使見之諸善男子於意

色味香美即取服之毒病皆愈其父聞子悉
已得差尋便來歸咸使見之諸善男子於意
云何頗有人能說此良醫虛妄罪不不世世
尊佛言我亦如是成佛已來无量无邊百千
万億那由他阿僧祇劫為衆生故以方便力言
當滅度亦无有能如法說我虛妄過者尒
時世尊欲重宣此義而說偈言
自我得佛來　所經諸劫數　无量百千万　億載阿僧祇
常說法教化　无數億衆生　令入於佛道　尒來无量劫
為度衆生故　方便現涅槃　而實不滅度　常住此說法
我常住於此　以諸神通力　令顛倒衆生　雖近而不見
衆見我滅度　廣供養舍利　咸皆懷戀慕　而生渴仰心
衆生既信伏　質直意柔軟　一心欲見佛　不自惜身命
時我及衆僧　倶出靈鷲山　我時語衆生　常在此不滅

我見諸衆生　沒在於苦惱　故不為現身　令其生渴仰
因其心戀慕　乃出為說法　神通力如是　於阿僧祇劫
常在靈鷲山　及餘諸住處　衆生見劫盡　大火所燒時
我此土安隱　天人常充滿　園林諸堂閣　種種寶莊嚴
寶樹多華菓　衆生所遊樂　諸天擊天鼓　常作衆伎樂
雨曼陁羅華　散佛及大衆　我淨土不毀　而衆見燒盡
憂怖諸苦惱　如是悉充滿　是諸罪衆生　以惡業因緣
過阿僧祇劫　不聞三寶名　諸有修功德　柔和質直者
則皆見我身　在此而說法　或時為此衆　說佛壽无量
久乃見佛者　為說佛難值　我智力如是　慧光照无量
壽命无數劫　久修業所得　汝等有智者　勿於此生疑
當斷令永盡　佛語實不虛　如醫善方便　為治狂子故
實在而言死　无能說虛妄　我亦為世父　救諸苦患者
為凡夫顛倒　實在而言滅　以常見我故　而生憍恣心

實在而言死　无能說虛妄　我亦為世父　救諸苦患者
為凡夫顛倒　實在而言滅　以常見我故　而生憍恣心
放逸著五欲　墮於惡道中　我常知眾生　行道不行道
隨應所可度　為說種種法　每自作是意　以何令眾生
得入无上道　速成就佛身

BD00298A 大般若波羅蜜多經卷二九六

（唐）玄奘 譯

41.3cm × 26cm

尒時具壽善現白佛……若波羅
蜜多是無邊波羅蜜多佛言如是猶如虛空
無邊際故世尊如是般若波羅蜜多是平等
波羅蜜多佛言如是以一切法性平等故世
尊如是般若波羅蜜多是遠離波羅蜜多佛
言如是畢竟空故世尊如是般若波羅蜜多
是難屈伏波羅蜜多佛言如是一切法性不
可得故世尊如是般若波羅蜜多是無足迹
波羅蜜多佛言如是无名體故世尊如是般
若波羅蜜多是虛空波羅蜜多佛言如是入
息出息不可得故世尊如是般若波羅蜜多
是不可說波羅蜜多佛言如是此中尋伺不
不得故世尊如是般若波羅蜜多是無名波

如是以一切法無去來故世尊如是般若波
羅蜜多是不可棄波羅蜜多佛言如是以一
切法不可取故
世尊如是般若波羅蜜多是盡波羅蜜多佛
言如是以一切法畢竟盡故世尊如是般若
波羅蜜多是不生滅波羅蜜多佛言如是以
一切法無生滅故世尊如是般若波羅蜜多
是無作波羅蜜多佛言如是以諸作者不可
得故世尊如是般若波羅蜜多是無知波羅
故世尊如

BD00298B

大般若波羅蜜多經卷二九六

（唐）玄奘 譯

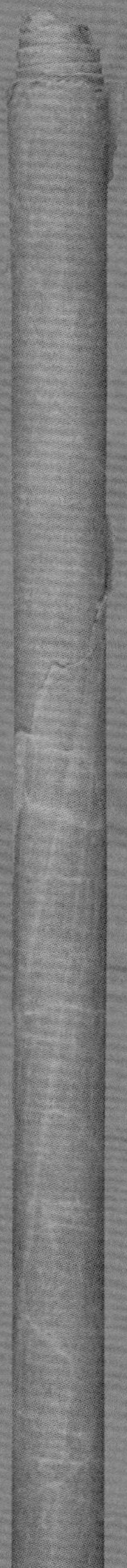

41.4cm × 26.1cm

蜜多是
佛言如是知内外法不可
得故
世尊如是般若波羅蜜多是空空波羅蜜多
佛言如是了空空法不可得故世尊如是般
若波羅蜜多是大空波羅蜜多佛言如是了
大空法不可得故世尊如是般若波羅蜜多
是勝義空波羅蜜多佛言如是勝義空法不
可得故世尊如是般若波羅蜜多是有為空
波羅蜜多佛言如是諸有為法不可得故世
尊如是般若波羅蜜多是无為空波羅蜜多
佛言如是諸无為法不可得故世尊如是般
若波羅蜜多是畢竟空波羅蜜多佛言如是

不可得故世尊如是般若波羅蜜多是散空
波羅蜜多佛言如是諸散空法不可得故世
尊如是般若波羅蜜多是无變異空波羅蜜
多佛言如是无變異空法不可得故世尊如
是般若波羅蜜多是本性空波羅蜜多佛言
如是有為无為法不可得故
世尊如是般若波羅蜜多是自相空波羅蜜
多佛言如是達一切法離自相故世尊如是
般若波羅蜜多是共相空波羅蜜多佛言如
是達一切法離共相故世尊如

BD00299　佛名經（十六卷本）卷三

132.1cm×25.5cm

界名无量光明如来彼如
光明菩薩阿耨多羅三藐三菩
南无燃燈世界名无量智成如来彼如来
授名功德王光明菩薩阿耨多羅三藐三
菩提
南无然燈佐世界名无量種奮迅如来彼
如来授名无障㝵菩薩阿耨多羅三藐三
菩提
南无種種幢世界名上首如来彼如来授名
那延菩薩阿耨多羅三藐三菩提
南无十方稱世界名佛花成就勝如来彼
如来授名[illegible]菩薩阿耨多羅三

南无金剛住世界名佛花增上王如来彼如
来授名寶大菩薩阿耨多羅三藐三菩
提
南无旃檀窟世界寶作如来彼如来授名
觀世音菩薩阿耨多羅三藐三菩提
從此以前一千八百佛十二部經一切賢聖
南无藥王世界名不空説如来彼如来授
名不空發行菩薩阿耨多羅三藐三菩提
南无藥王勝上世界名无邊功德精進發
如来彼如来授名不受戒攝受菩薩阿
耨多羅三藐三菩提
南无普莊嚴世界名發心生莊嚴一切衆
生心如来彼如来授名佛華手菩薩阿耨
多羅三藐三菩提

南无普莊嚴世界名發心生莊嚴一切衆
生心如来彼如来授名佛華手菩薩阿耨
多羅三藐三菩提
南无普蓋世界名蓋鷂如来彼如来授名
寶行菩薩阿耨多羅三藐三菩提
南无花上光明世界名日輪威德王如来彼
如来授名善住菩薩阿耨多羅三藐三菩
提
南无善莊嚴世界名衆生光明如来彼如来
授名寶面菩薩阿耨多羅三藐三菩提
南无賢世界名无畏如来彼如来授名不驚
怖菩薩阿耨多羅三藐三菩提
南无波頭摩世界名波頭摩勝光明如来
彼如来授名智爲菩薩阿耨多羅三藐三

来授名无境界行菩薩阿耨多羅三藐
三菩提
南无寶上世界名寶作如来彼如来受法
作菩薩阿耨多羅三藐三菩提
南无月世界名量顛如来彼如来受名散
花菩薩阿耨多羅三藐三菩提
南无善住世界名寶聚如来彼如来受名
藥王菩薩阿耨多羅三藐三菩提
南无香光明世界名莎羅自在王如来彼如
来授名勝慧菩薩阿耨多羅三藐三菩提
南无花手世界名寶光明如来彼如来授
名山德菩薩阿耨多羅三藐三菩提
南无普山世界名寶山如来彼如来受大
得菩薩阿耨多羅三藐三菩提

得菩薩阿耨多羅三藐三菩提
南无憂盖入世界名上首如来彼如来授
名上莊嚴菩薩阿耨多羅三藐三菩提
南无无憂世界名發无邊功德如来彼如来
受名不發觀菩薩阿耨多羅三藐三菩提
南无一切功德住世界名善上首如来彼如
来受名普至菩薩阿耨多羅三藐三
菩提
南无寳光明世界名須弥光明如来彼如来
受善住菩薩阿耨多羅三藐三菩提
南无一切得住世界名无量境界如来彼如
来授名藥王菩薩阿耨多羅三藐三菩提
南无莊嚴菩薩世界名高妙去如来彼如来
受名思益勝慧菩薩阿耨多羅三藐三

如來受名得勝慧菩薩阿耨多羅三藐
三菩提

BD00300　無量壽宗要經（甲本）

187.5cm × 31.5cm

南謨薄伽勇伐帝 阿波[illegible]紇硯娜三 須毗你斯指陁四 [illegible] 怛他羯他耶六 怛侄他唵七 薩
婆桑悉迦囉八 鉢唎輸底九 達摩底十 伽迦娜十一 莎訶某特迦底十二 莎婆婆毗輸底十三
摩訶娜耶十四 波唎婆唎莎訶十五
尒時有九十九姟佛等一時同聲說是无量壽宗要經陁羅尼曰
南謨薄伽勇伐底一 阿波唎蜜哆二 阿喻紇硯娜三 須毗你悉指陁四 囉佐耶五 怛他羯他耶六
怛姪他唵七 薩婆桑悉迦囉八 鉢唎輸底九 達摩底十 伽迦娜十一 莎訶某特迦底十二 莎婆婆毗
輸底十三 摩訶娜耶十四 波唎婆唎莎訶十五
尒時復有一百四姟佛一時同聲說是无量壽宗要經陁羅尼曰
南謨薄伽勇伐底一 阿波唎蜜哆二 阿喻紇硯娜三 須毗你悉指陁四 囉佐耶五 怛他羯他耶六 怛侄他唵七 薩
婆桑悉迦囉八 波唎輸底九 達摩底十 伽迦娜十一 莎訶某特迦底十二 薩婆婆毗輸底十三 摩訶娜耶十四
波唎婆唎莎訶十五 尒時復有七姟佛一時同聲說是无量壽宗要經陁羅尼曰
南謨薄伽勇伐底一 阿波唎蜜哆二 阿喻紇硯娜三 須毗你悉指陁四 囉佐耶五 怛他羯他耶六 怛侄他唵七
薩婆桑悉迦囉八 波利輸底九 達摩底十 伽迦娜十一 莎訶某特迦底十二 薩婆婆毗輸底十三 摩訶娜耶十四
波唎婆唎莎訶十五 尒時復有六十五姟佛一時同聲說是无量壽宗要經陁羅尼曰
南謨薄伽勇伐底一 阿波唎蜜哆二 阿喻紇硯娜三 須毗你悉指陁四 囉佐耶五 怛他羯他耶六 怛侄他唵七
薩婆桑悉迦囉八 波利輸底九 達摩底十 伽迦娜十一 莎訶某特迦底十二 莎婆婆毗輸底十三 摩訶娜

薩婆桑悉迦羅八 波利輸底九 達磨底十 伽迦娜十一 莎訶某特迦底 莎婆婆毗輸底十三 摩訶娜
耶十四 波唎婆麗莎訶十五 尒時復有卒五姟佛一時同聲說是无量壽宗要經陁羅尼曰
南謨薄伽勃底一 阿波唎蜜哆二 阿喻紇硯娜三 須毗你悉指陁四 囉佐耶五 怛他羯他耶六 怛姪他唵七
薩婆桑悉迦囉八 波唎輸底九 達磨底十 伽迦娜十一 莎訶某特迦底十二 薩婆婆毗輸底十三 摩訶娜耶十四
波唎婆麗莎訶十五 尒時復有四十五姟佛一時同聲說是无量壽宗要經陁羅尼曰
南謨薄伽勃底一 阿波唎蜜哆二 阿喻紇硯娜三 須毗你悉指陁四 囉佐耶五 怛他羯他耶六 怛姪他唵七
薩婆桑悉迦囉八 波唎輸底九 達磨底十 伽迦娜十一 莎訶某特伽底十二 薩婆婆毗輸底十三 摩訶
娜耶十四 波唎婆麗莎訶十五
尒時復有三十六姟佛一時同聲說是无量壽宗要經陁羅尼曰
南謨薄伽勃底一 阿波唎蜜哆二 阿喻紇硯娜三 須毗你悉指陁四 囉佐耶五 怛他羯他耶六 怛姪他唵七
薩婆桑悉迦囉八 波唎輸底九 達磨底十 伽迦娜十一 莎訶某特迦底十二 薩婆婆毗輸底十三 摩訶娜耶十四
波唎婆唎莎訶十五 尒時復有二十五姟佛一時同聲說是无量壽宗要經陁羅尼曰
南謨薄伽勃底一 阿波唎蜜哆二 阿喻紇硯娜三 須毗你指陁四 囉佐耶五 怛他羯他耶六 怛姪他唵七 薩婆
桑悉迦囉八 波唎輸底九 達磨底十 伽迦娜十一 莎訶某特迦底十二 薩婆婆毗輸底十三 摩訶娜耶十四
波唎婆唎莎訶十五 尒時復有恒沙沙姟佛一時同聲說是无量壽宗要經陁羅尼曰
南謨薄伽勃底一 阿波唎蜜哆二 阿喻紇硯娜三 須毗你悉指陁四 囉佐耶五 怛他羯他耶六 怛姪他唵七

南謨薄伽勃底一　阿波唎蜜哆二　阿喻紇硯娜三　須毗你悉指陁四　囉佐耶五　怛他羯他耶六　怛姪他唵七
薩婆桑悉迦囉八　波唎輸底九　達磨底十　伽迦娜十一　莎訶某特迦底十二　薩婆婆毗輸底十三　摩訶娜
耶十四　波唎波唎莎訶　十五
善男子若有自書寫教人書寫是无量壽宗要經如其命盡復得長壽滿年陁羅尼曰
南謨薄伽勃底一　阿波唎蜜哆二　阿喻紇硯娜三　須毗你悉指陁四　囉佐耶五　怛他羯他耶六　怛姪他唵七
薩婆桑悉迦囉八　波唎輸底九　達磨底十　伽迦娜十一　莎訶某特迦底十二　薩婆婆毗輸底十三　摩訶娜耶十四
波唎婆囉莎訶十五
若有自書寫教人書寫是无量壽宗要經讀誦受持畢竟不墮地獄在在所生得宿命智陁羅尼曰
南謨薄伽勃底一　阿波唎蜜哆二　阿喻紇硯娜三　須毗你悉指陁四　囉佐耶五　怛他羯他耶六　怛姪他唵七
薩婆桑悉迦囉八　波唎輸底九　達磨底十　伽迦娜十一　莎訶某特迦底十二　薩婆婆毗輸底十三　摩訶娜耶十四
波唎婆唎莎訶　十五
若有自書寫教人書寫是无量壽宗要經受持讀誦如同書寫八万四千一切經典陁羅尼曰
南謨薄伽勃底一　阿波唎蜜哆二　阿喻紇硯娜三　須毗你悉指陁四　囉佐耶五　怛他羯他耶六　怛姪他唵七　薩
婆桑悉迦囉八　波唎輸底九　達磨底十　伽迦娜十一　莎訶某特迦底十二　薩婆婆毗輸底十三　摩訶娜耶十四
波唎婆唎莎訶　十五
若有自書寫教人書寫是无量壽宗要經即是書寫八万四千部建立塔廟陁羅尼曰

若有自書寫教人書寫是无量壽宗要經即是書寫八万四千部建立塔廟陀羅尼曰

南謨薄伽勃底一 阿波唎蜜哆二 阿喻紇硯娜三 須毗你悉指陀四 囉佐耶五 怛他羯他耶六 怛姪他唵七

薩婆桒悉迦羅八 波唎輸底九 達磨底十 伽迦娜十一 莎訶某特迦底十二 莎婆婆毗輸底十三 摩

訶娜耶十四 波唎婆羅莎訶十五

若有自書寫教人書寫是无量壽宗要經能消五无間等一切重罪陀羅尼曰

南謨薄伽勃底一 阿波唎蜜哆二 阿喻紇硯娜三 須毗你悉指陀四 囉佐耶五 怛他羯他耶六 怛姪他唵七

薩婆桒悉迦羅八 波唎輸底九 達磨底十 伽迦娜十一 莎訶某特迦底十二 莎婆婆毗輸底十三

摩訶娜耶十四 波唎波唎莎訶十五

若有自書寫教人書寫是无量壽宗要經受持讀誦設有重罪猶如須弥盡能除滅陀羅尼曰

南謨薄伽勃底一 阿波唎蜜哆二 阿喻紇硯娜三 須毗你悉指陀四 囉佐耶五 怛他羯他耶六 怛姪他唵七

薩婆婆桒悉迦羅八 波唎輸底九 達磨底十 伽迦娜十一 莎訶某特迦底十二 薩婆婆毗輸底十三

摩訶娜耶十四 波唎婆唎莎訶十五

若有自書寫教人書寫是无量壽宗要經受持讀誦若魔魔之眷屬夜叉羅刹不得其

便終无枉死陀羅尼曰

南謨薄伽勃底一 阿波唎蜜哆二 阿喻紇硯娜三 須毗你悉指陀四 囉佐耶五 怛他羯他耶六 怛姪他唵七

薩婆桒悉迦羅八 波唎輸底九 達磨底十 伽迦娜十一 莎訶某特伽底十二 薩婆婆毗輸底十三

薩婆桑悉迦羅八 波唎輸底九 達麼底十 伽迦娜十一 莎訶某特伽底十二 薩婆婆毗輸底十三
摩訶娜耶十四 波唎波羅莎訶十五
若有自書寫教人書寫是无量壽宗要經受持讀誦當命終時有九十九俱胝佛現其人前
蒙千佛授手能遊一切佛刹莫於此經生於疑惑陁羅尼曰
南謨薄伽勃底一 阿波唎蜜哆二 阿喻紇硯娜三 須毗你悉指陁四 囉佐耶五 怛他羯他耶六 怛姪他唵七
薩婆桑悉迦羅八 波唎輸底九 達麼底十 伽迦娜十一 莎訶某特迦底十二 薩婆婆毗輸底十三
摩訶娜耶十四 波唎婆唎莎訶十五
若有自書寫教人書是无量壽宗要經受持讀誦常得四天大王隨其衛護陁羅尼曰
南謨薄伽勃底一 阿波唎蜜哆二 阿喻紇硯娜三 須毗你悉指陁四 囉佐耶五 怛他羯他耶六 怛姪他唵七
薩婆桑悉迦羅八 波唎輸底九 達麼底十 伽迦娜十一 莎訶某特迦底十二 薩婆婆毗輸底十三
摩訶娜耶十四 波唎波唎莎訶十五
若有自書寫教人書寫是无量壽宗要經受持讀誦當得往生西方極樂世界阿
彌陁淨土陁羅尼曰
南謨薄伽勃底一 阿波唎蜜哆二 阿喻紇硯娜三 須毗你悉指陁四 囉佐耶五 怛他羯他耶六 怛姪
他唵七 薩婆桑悉迦羅八 波唎輸底九 達麼底十 伽迦娜十一 莎訶某特迦底十二 薩婆婆毗輸底十三
摩訶娜耶十四 波唎婆唎莎訶十五

摩訶娜耶十四 波唎婆唎莎訶 十五
若有方所自書寫使人書寫是无量壽經典之處則為是塔皆應恭敬作礼若是畜生
或為鳥獸得聞是經如是等類皆當不久得成一切種智陁羅尼曰
南謨薄伽勃底一 阿波唎蜜哆二 阿喻紇硯娜三 須毗你悉指陁四 囉佐耶五 怛他羯他耶六
怛姪他唵七 薩婆桑悉迦囉八 波唎輸底九 達磨底十 伽迦娜十一 莎訶其特迦底十二 薩婆婆毗
輸底十三 摩訶娜耶十四 波唎婆唎莎訶 十五
若有於是无量壽經自書寫若使人書畢竟不受女人之身陁羅尼曰
南謨薄伽勃底一 阿波唎蜜哆二 阿喻紇硯娜三 須毗你悉指陁四 囉佐耶五 怛他羯他耶六 怛姪他唵七
薩婆桑悉迦囉八 波唎輸底九 達磨底十 伽迦娜十一 莎訶其特迦底十二 薩婆婆毗輸底十三
摩訶娜耶十四 波唎婆唎莎訶 十五
若有能於是經少分能惠施者等於三千大千世界滿中七寶布施陁羅尼曰
南謨薄伽勃底一 阿波唎蜜哆二 阿喻紇硯娜三 須毗你悉指陁四 囉佐耶五 怛他羯他耶六
怛姪他唵七 薩婆桑悉迦囉八 波唎輸底九 達磨底十 伽迦娜十一 莎訶其特迦底十二 薩婆婆毗輸
底十三 摩訶娜耶十四 波唎波唎莎訶 十五
若有能供養是經者則是供養一切諸經等无有別異陁羅尼曰
南謨薄伽勃底一 阿波唎蜜哆二 阿喻紇硯娜三 須毗你悉指陁四 囉佐耶五 怛他羯他耶六

南謨薄伽勃底 阿波唎蜜哆一 阿喻紇硯娜二 須毗你悉指陀四 囉佐耶五 怛他羯他耶六
怛姪他唵七 薩婆桑悉迦囉八 波唎輸底九 達磨底十 伽迦娜十一 莎訶其特迦底十二 薩婆婆毗
輸底十三 摩訶娜耶十四 波唎婆唎莎訶十五
如是毗婆尸佛 尸棄佛 毗舍浮佛 俱留孫佛 俱那含牟尼佛 迦葉佛 釋迦牟尼佛 若有人
以七寶供養如是七佛 其福有限 書寫受持是無量壽經典 所有功德不可限量 陀羅尼曰
南謨薄伽勃底一 阿波唎蜜哆二 阿喻紇硯娜三 須毗你悉指陀四 囉佐耶五 怛他羯他耶六 怛姪
他唵七 薩婆桑悉迦囉八 波唎輸底九 達磨底十 伽迦娜耶十一 莎訶其特迦底十二 薩婆婆毗輸底十三
摩訶娜耶十四 波唎婆唎莎訶十五
若有七寶等於須彌 以用布施 其福上能知其限量 是無量壽經典 其福不可知數 陀羅尼曰
南謨薄伽勃底一 阿波唎蜜哆二 阿喻紇硯娜三 須毗你悉指陀四 囉佐耶五 怛他羯他耶六 怛姪
唵七 薩婆桑悉迦囉八 波唎輸底九 達磨底十 伽迦娜耶十一 莎訶其特迦底十二 薩婆婆毗輸底十三
摩訶娜耶十四 波唎婆唎莎訶十五
如是四大海水可知滴數 是無量壽經典 所生果報不可數量 陀羅尼曰
南謨薄伽勃底一 阿波唎蜜哆二 阿喻紇硯娜三 須毗你悉指陀四 囉佐耶五 怛他羯他耶六 怛姪他唵七
薩婆桑悉迦囉八 波唎輸底九 達磨底十 伽迦娜十一 莎訶其特迦底十二 薩婆婆毗輸底十三
摩訶娜耶十四 波唎婆唎莎訶十五

摩訶娜耶 波唎婆唎莎訶 十五

若有人自書寫使人書寫是无量壽經典又能護特供養即如來敬供養一切十方佛土如來

无有別異 陁羅尼曰

南謨薄伽勃底 一 阿波唎蜜哆 二 阿喻紇硯娜 三 須毗你悲指陁 四 囉佐陁 五 怛他羯他耶 六 怛姪

他唵 七 薩婆桑悉迦囉 八 波唎輸底 九 達磨底 十 伽伽娜 十一 莎訶某特迦底 十二 薩婆婆毗輸

底 十三 摩訶娜耶 十四 波唎婆唎莎訶 十五

布施力能成正覺 悟布施力人師子 布施力能聲普聞 慈悲階漸家能入

持戒力能成正覺 悟持戒力人師子 持戒力能聲普聞 慈悲階漸家能入

忍辱力能成正覺 悟忍辱力人師子 忍辱力能聲普聞 慈悲階漸家能入

精進力能成正覺 悟精進力人師子 精進力能聲普聞 慈悲階漸家能入

禪定力能成正覺 悟禪定力人師子 禪定力能聲普聞 慈悲階漸家能入

智慧力能成正覺 悟智慧力人師子 智慧力能聲普聞 慈悲階漸家能入

尒時如來說是經已一切世間天人阿脩羅揵闥婆等聞佛所說皆大歡

喜信受奉行

佛說无量壽宗要經

佛說无量壽宗要經
郭興

BD00301 妙法蓮華經卷三

（後秦）鳩摩羅什 譯

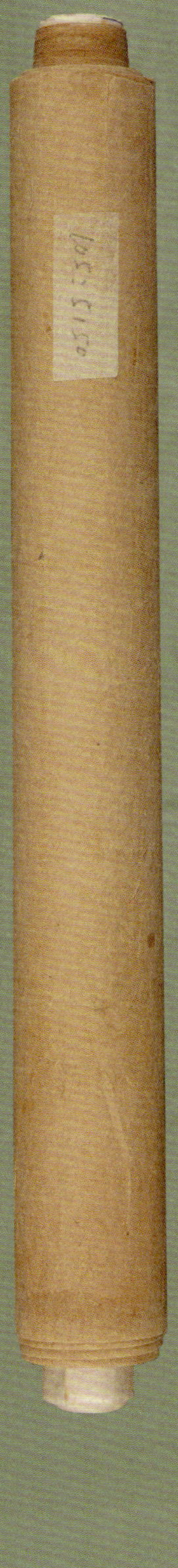

435.9cm × 26.1cm

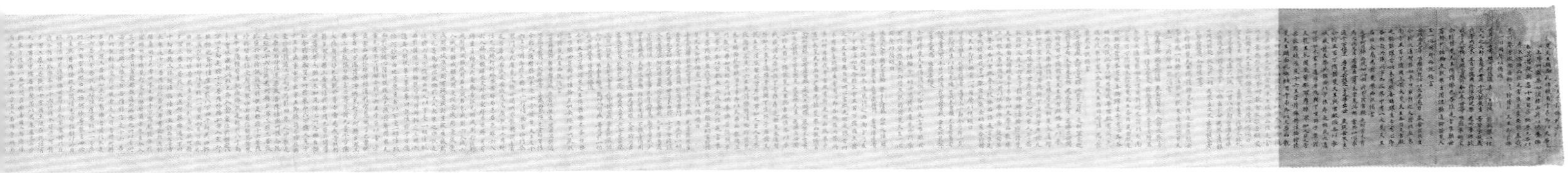

□□王□詣佛轉法□
詣梵天王頭面礼佛繞百千帀即以天華
而散佛上其所散華如須弥山并以供養佛
菩提樹其菩提樹高十由旬華供養已各以
奉上彼佛而作是言唯見哀愍饒益我
等所獻宮殿願垂納受時諸梵天王即於佛
前一心同聲以偈頌
世尊甚希有　難可得值遇　具無量功德　能救護一切
天人之大師　哀愍於世間　十方諸衆生　普皆蒙饒益
我等所從來　五百万億國　捨深禪定樂　為供養佛故
我等先世福　宮殿甚嚴飾　今以奉世尊　唯願哀納受
尒時諸梵天王偈讚佛已各作是言唯願世
尊轉於法輪度脫衆生開涅槃道時諸梵天

尒時大通智勝如來嘿然許之又諸比丘東
南方五百万億國土諸大梵天王各自見宮殿
光明照曜昔所未有歡喜踊躍生希有心即
各相詣共議此事而彼衆中有一大梵天王
名曰大悲為諸梵衆而說偈言
是事何因緣　而現如此相　我等諸宮殿　光明昔未有
為大德天生　為佛出世間　未曾見此相　當共一心求
過千万億土　尋光共推之　多是佛出世　度脫苦衆生
尒時五百万億諸梵天王與宮殿俱各以衣
裓盛諸天華共詣西北方推尋是相見大通
智勝如來處于道場菩提樹下坐師子座諸
天龍王乾闥婆緊那羅摩睺羅伽人非人等
恭敬圍繞及見十六王子請佛轉法輪時諸
梵天王頭面礼佛繞百千帀即以天華而散

梵天王頭面礼佛繞百千帀即以天華而散
佛上所散之華如須弥山并以供養佛菩提
樹華供養已各以宮殿奉上彼佛而作是言
唯見哀愍饒益我等所獻宮殿願垂納處
尒時諸梵天王即於佛前一心同聲以偈頌曰
聖主天中王　迦陵頻伽聲　哀愍衆生者　我等今敬礼
世尊甚希有　久遠乃一現　一百八十劫　空過无有佛
三悪道充滿　諸天衆減少　今佛出於世　為衆生作眼
世間所歸趣　救護於一切　為衆生之父　哀愍饒益者
我等宿福慶　今得值世尊
尒時諸梵天王偈讚佛已各作是言唯願世
尊哀愍一切轉於法輪度脫衆生時諸梵天
王一心同聲而說偈言
大聖轉法輪　顯示諸法相　度苦惱衆生　令得大歡喜

方五百万億國土諸大梵天王各自見宮殿光
明照曜昔所未有歡喜踊躍生希有心即各
相詣共議此事以何因緣我等宮殿有此光
曜而彼衆中有一大梵天王名曰妙法 為諸
梵衆而説偈言
我等諸宮殿 光明甚威曜 此非无因緣 是相宜求之
過於百千劫 未曾見是相 為大德天生 為佛出世間
尒時五百万億諸梵天王與宮殿俱各以衣
祴盛諸天華共詣北方推尋是相見大通智
勝如來處于道場菩提樹下坐師子座諸天
龍王乾闥婆緊那羅摩睺羅伽人非人等恭
敬圍繞及見十六王子請佛轉法輪時諸梵
天王頭面礼佛繞百千帀即以天華而散佛
上所散之華如須彌山并以供養佛菩提樹華

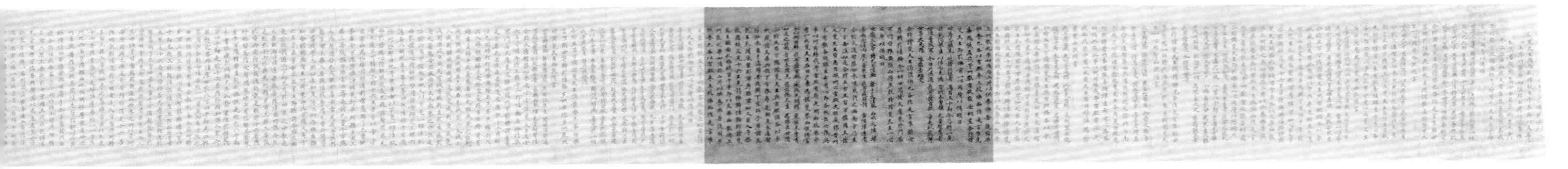

上所散之華如須彌山幷以供養佛菩提樹華
供養已各以宮殿奉上彼佛而作是言唯見
哀愍饒益我等所獻宮殿願垂納處尒時諸
梵天王即於佛前一心同聲以偈頌曰
世尊甚難見　破諸煩惱者　過百三十劫　今乃得一見
諸飢渴衆生　以法雨充滿　昔所未曾覩　无量智慧者
如優曇波羅　今日乃值遇　我等諸宮殿　蒙光故嚴飾
世尊大慈愍　唯願垂納受
尒時諸梵天王偈讚佛已各作是言唯願世
尊轉於法輪令一切世間諸天魔梵沙門婆
羅門皆獲安隱而得度脫時諸梵天王一心
同聲以偈頌曰
唯願天人尊　轉无上法輪　擊于大法鼓　而吹大法螺
普雨大法雨　度无量衆生　我等咸歸請　當演深遠音

大梵天王皆悉自覩所止宮殿光明威曜昔所
未有歡喜踊躍生希有心即各相詣共議此
事以何因緣我等宮殿有斯光明而彼衆中
有一大梵天王名曰尸棄為諸梵衆而說偈言
今以何因緣　我等諸宮殿　威德光明曜　嚴飾未曾有
如是之妙相　昔所未聞見　為大德天生　為佛出世間
尒時五百万億諸梵天王與宮殿俱各以衣
祴盛諸天華共詣下方推尋是相見大通智
勝如來處于道場菩提樹下坐師子座諸天
龍王乾闥婆緊那羅摩睺羅伽人非人等恭
敬圍繞及見十六王見請佛轉法輪時諸梵
天王頭面礼佛繞百千帀即以天華而散佛上
所散之華如須弥山并以供養佛菩提樹華
供養已各以宮殿奉上彼佛而作是言唯

供養已各以宮殿奉上彼佛而作是言唯
見哀愍饒益我等所獻宮殿願垂納處時諸
梵天王即於佛前一心同聲以偈頌曰
善哉見諸佛 救世之聖尊 能於三界獄 免出諸衆生
普智天人尊 愍哀群萌類 能開甘露門 廣度於一切
於昔无量劫 空過无有佛 世尊未出時 十方常暗瞑
三惡道增長 阿脩羅亦盛 諸天衆轉减 死多墮惡道
不從佛聞法 常行不善事 色力及智慧 斯等皆减少
罪業因緣故 失樂及樂想 住於邪見法 不識善儀則
不蒙佛所化 常墮於惡道 佛爲世間眼 久遠時乃出
哀愍諸衆生 故現於世間 超出成正覺 我等甚欣慶
及餘一切衆 喜歎未曾有 我等諸宮殿 蒙光故嚴飾
今以奉世尊 唯垂哀納受 願以此功德 普及於一切
我等與衆生 皆共成佛道

時諸梵天王而説偈言
世尊轉法輪　擊甘露法鼓　度苦惱衆生　開示涅槃道
唯願受我請　以大微妙音　哀愍而敷演　无量劫習法
尒時大通智勝如來受十方諸梵天王及十
六王子請即時三轉十二行法輪若沙門婆
羅門若天魔梵及餘世間所不能轉謂是苦
是苦集是苦滅是苦滅道及廣説十二因緣
法无明緣行行緣識識緣名色名色緣六入
六入緣觸觸緣受受緣愛愛緣取取緣有有
緣生生緣老死憂悲苦惱无明滅則行滅行
滅則識滅識滅則名色滅名色滅則六入滅六
入滅則觸滅觸滅則受滅受滅則愛滅愛
滅則取滅取滅則有滅有滅則生滅生滅則
老死憂悲苦惱滅佛於天人大衆之中説是

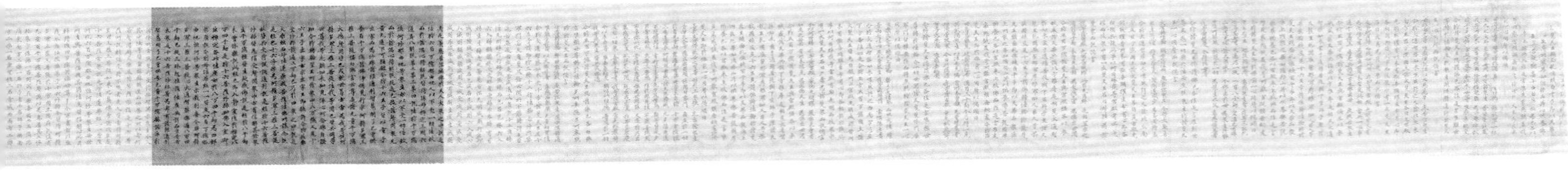

老死憂悲苦惱滅佛於天人大衆之中説是
法時六百万億那由他人以不受一切法故
而於諸漏心得解脱皆得深妙禪定三明六
通具八解脱第二第三第四説法時千万億
恒河沙那由他等衆生亦以不受一切法故
而於諸漏心得解脱從是已後諸聲聞衆无
量无邊不可稱數尒時十六王子皆以童子
出家而爲沙弥諸根通利智慧明了已曾供
養百千万億諸佛淨脩梵行求阿耨多羅三
藐三菩提倶白佛言世尊是諸无量千万億
大德聲聞皆已成就世尊亦當爲我等説阿
耨多羅三藐三菩提法我等聞已皆共脩學
世尊我等志願如來知見深心所念佛自證
知尒時轉輪聖王所將衆中八万億人見十

大乘經名妙法蓮華教菩薩法佛所護念說
是經已十六沙弥為阿耨多羅三藐三菩提
故皆共受持諷誦通利說是經時十六菩薩
沙弥皆悉信受聲聞衆中亦有信解其餘衆
生千万億種皆生疑惑佛說是經於八千劫
未曾休廢說此經已即入靜室住於禪定八
万四千劫是時十六菩薩沙弥知佛入室寂
然禪定各升法座亦於八万四千劫為四部
衆廣說分別妙法華經一一皆度六百万億那
由他恒河沙等衆生示教利喜令發阿耨
多羅三藐三菩提心大通智勝佛過八万四
千劫已從三昧起往詣法座安詳而坐普告
大衆是十六菩薩沙弥甚為希有諸根通利
智慧明了已曾供養無量千万億數諸佛於

智慧明了已曾供養无量千万億數諸佛於
諸佛所常脩梵行受持佛智開示衆生令入
其中汝等皆當數數親近而供養之所以者何
若聲聞辟支佛及諸菩薩能信是十六菩
薩所說經法受持不毁者是人皆當得阿耨
多羅三藐三菩提如来之慧佛告諸比丘是
十六菩薩常樂說是妙法蓮華經一一菩薩
所化六百万億那由他恒河沙等衆生世世
所生與菩薩俱從其聞法悉皆信解以此因
緣得值四万億諸佛世尊于今不盡諸比丘
我今語汝彼佛弟子十六沙弥今皆得阿耨
多羅三藐三菩提於十方國土現在說法有
无量百千万億菩薩聲聞以為眷屬其二沙
弥東方作佛一名阿閦在歡喜國二名須弥

一名帝相二名梵相西方二佛一名阿彌陁
二名度一切世間苦惱西北方二佛一名多
摩羅跋栴檀香神通二名須彌相北方二佛
一名雲自在二名雲自在王東北方佛名壞
一切世間怖畏第十六我釋迦牟尼佛於娑
婆國土成阿耨多羅三藐三菩提諸比丘我
等為沙彌時各各教化无量百千万億恒河
沙等衆生從我聞法為阿耨多羅三藐三菩
提此諸衆生于今有住聲聞地者我常教化
阿耨多羅三藐三菩提是諸人等應以是法
漸入佛道所以者何如來智慧難信難解尒
時所化无量恒河沙等衆生者汝等諸比丘
及我滅度後未來世中聲聞弟子是也我滅
度後復有弟子不聞是經不知不覺菩薩所

度後復有弟子不聞是經不知不覺菩薩所
行自於所得功德生滅度想當入涅槃我於
餘國作佛更有異名是人雖生滅度之想入
於涅槃而於彼土求佛智慧得聞是經唯以
佛乘而得滅度更无餘乘除諸如來方便說
法諸比丘若如來自知涅槃時到衆又清淨
信解堅固了達空法深入禪定便集諸菩薩
及聲聞衆爲說是經世間无有二乘而得滅
度唯一佛乘得滅度耳比丘當知如來方便
深入衆生之性知其志樂小法深著五欲爲
是等故說於涅槃是人若聞則便信受譬如
五百由旬險難惡道曠絕无人怖畏之處若
有多衆欲過此道至珍寶處有一導師聰慧
明達善知險道通塞之相將導衆人欲過此

師多諸方便而作是念此等可愍云何捨大
珎寶而欲退還作是念已以方便力於險道
中過三百由旬化作一城告衆人言汝等勿
怖莫得退還今此大城可於中止隨意所作
若入是城快得安隱若能前至寶所亦可得
去是時疲極之衆心大歡喜歎未曾有我等
今者免斯惡道快得安隱於是衆人前入化
城生已度想生安隱想尒時導師知此人衆
既得止息无復疲惓即滅化城語衆人言汝
等去來寶處在近向者大城我所化作為止
息耳諸比丘如來亦復如是今為汝等作大
導師知諸生死煩惱惡道險難長遠應去應
度若衆生但聞一佛乗者則不欲見佛不欲
親近便作是念佛道長遠久受勤苦乃可得

親近使作是念佛道長遠久受勤苦乃可得
成佛知是心怯弱下劣以方便力而於中道
為止息故說二涅槃若衆生住於二地如來
尒時即便為說汝等所作未辦汝所住地近
於佛慧當觀籌量所得涅槃非真實也但
是如來方便之力於一佛乘分別說三如彼
導師為止息故化作大城既知息已而告之
言寶處在近此城非實我化作耳尒時世尊
欲重宣此義而說偈言

大通智勝佛　十劫坐道場　佛法不現前　不得成佛道
諸天神龍王　阿脩羅衆等　常雨於天華　以供養彼佛
諸天擊天鼓　并作衆伎樂　香風吹萎華　更雨新好者
過十小劫已　乃得成佛道　諸天及世人　心皆懷踊躍
彼佛十六子　皆與其眷屬　千万億圍繞　俱行至佛所

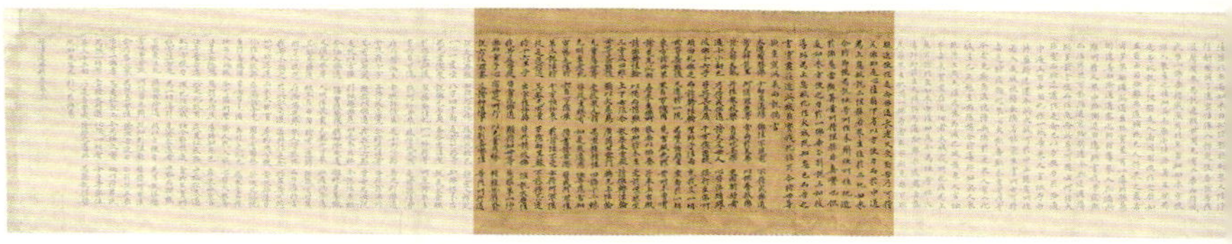

東方諸世界　五百万億國　梵宮殿光曜　昔所未曾有
諸梵見此相　尋来至佛所　散華以供養　并奉上宮殿
請佛轉法輪　以偈而讚歎　佛知時未至　受請嘿然坐
三方及四維　上下亦復尒　散華奉宮殿　請佛轉法輪
世尊甚難值　願以大慈悲　廣開甘露門　轉无上法輪
无量慧世尊　受彼衆人請　為宣種種法　四諦十二緣
无明至老死　皆從生緣有　如是衆過患　汝等應當知
宣暢是法時　六百万億姟　得盡諸苦際　皆成阿羅漢
第二說法時　千万恒沙衆　於諸法不受　亦得阿羅漢
從是後得道　其數无有量　万億劫筭數　不能得其邊
時十六王子　出家作沙弥　皆共請彼佛　演說大乘法
我等及營從　皆當成佛道　願得如世尊　慧眼第一淨
佛知童子心　宿世之所行　以无量因緣　種種諸譬喻
說六波羅蜜　及諸神通事　分別真實法　菩薩所行道

BD00301　妙法蓮華經卷三

佛知童子心　宿世之所行　以无量因緣　種種諸譬喻
說六波羅蜜　及諸神通事　分別真實法　菩薩所行道
說是法華經　如恒河沙偈　彼佛說經已　靜室入禪定
一心一處坐　八万四千劫　是諸沙弥等　知佛禪未出
為无量億眾　說佛无上慧　各各坐法座　說是大乘經
於佛宴寂後　宣揚助法化　一一沙弥等　所度諸眾生
有六百万億　恒河沙等眾　彼佛滅度後　是諸聞法者
在在諸佛土　常與師俱生　是十六沙弥　具足行佛道
今現在十方　各得成正覺　尒時聞法者　各在諸佛所
其有住聲聞　漸教以佛道　我在十六數　曾亦為汝說
是故以方便　引汝趣佛慧　以是本因緣　今說法華經
令汝入佛道　慎勿懷驚懼　譬如險惡道　迥絕多毒獸
又復无水草　人所怖畏處　无數千万眾　欲過此險道
其路甚曠遠　經五百由旬　時有一導師　強識有智慧

如何欲退還　而失大珍寶　尋時思方便　當設神通力
化作大城郭　莊嚴諸舍宅　周帀有園林　渠流及浴池
重門高樓閣　男女皆充滿　即作是化已　慰衆言勿懼
汝等入此城　各可隨所樂　諸人既入城　心皆大歡喜
皆生安隱想　自謂已得度　導師知息已　集衆而告言
汝等當前進　此是化城耳　我見汝疲極　中路欲退還
故以方便力　權化作此城　汝今勤精進　當共至寶所
我亦復如是　為一切導師　見諸求道者　中路而懈廢
不能度生死　煩惱諸險道　故以方便力　為息說涅槃
言汝等苦滅　所作皆已辦　既知到涅槃　皆得阿羅漢
尒乃集大衆　為說真實法　諸佛方便力　分別說三乘
唯有一佛乘　息處故說二　今為汝說實　汝所得非滅
為佛一切智　當發大精進　汝證一切智　十力等佛法
具三十二相　乃是真實滅　諸佛之導師　為息說涅槃

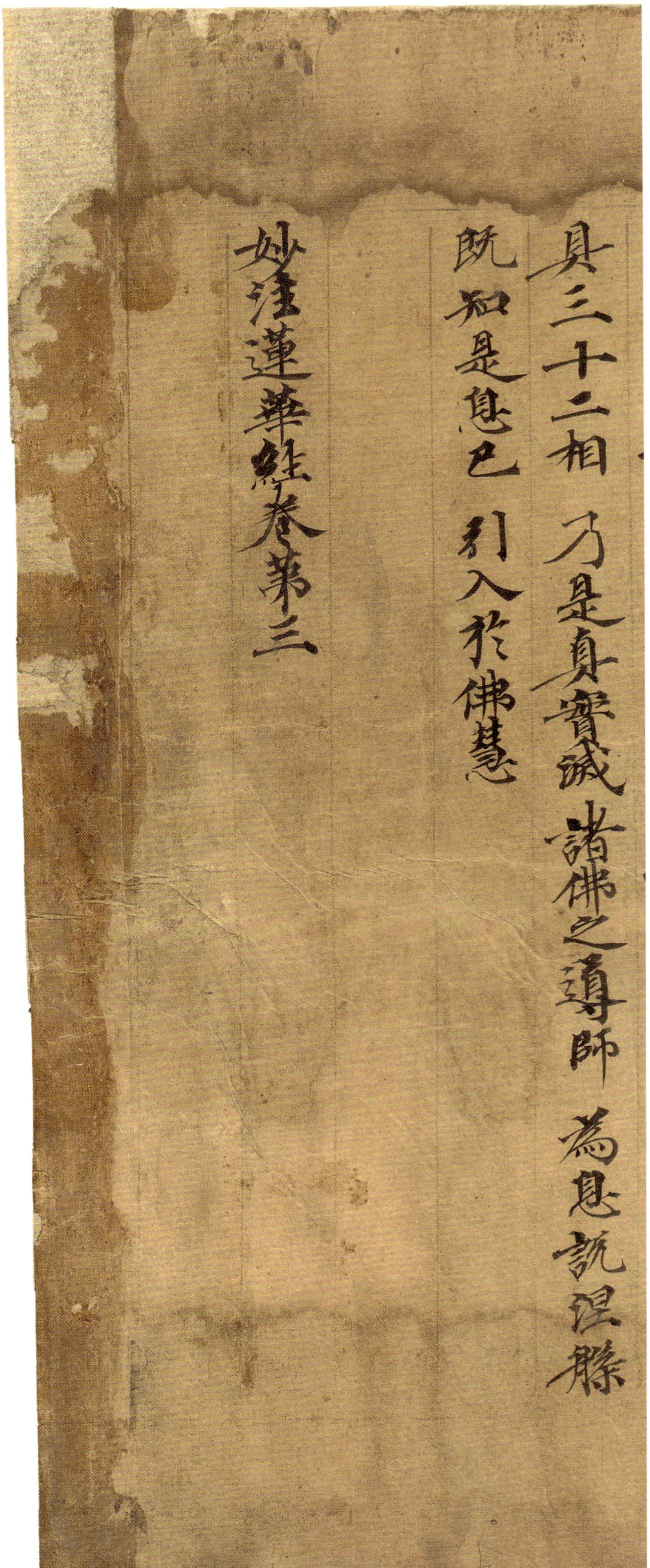

具三十二相　乃是真實滅　諸佛之導師　為息說涅槃
既知是息已　引入於佛慧

妙法蓮華經卷第三

BD00302　大方廣佛華嚴經卷四

（唐）實叉難陀　譯

49cm × 26.4cm

大方廣佛華嚴經世主妙嚴品第一之四 卷四 新譯
復次普光焰藏主火神得悉除一切世間闇解
脫門普集光幢主火神得能息一切衆生
諸惑漂流熱惱苦解脫門大光遍照主火神
得无動福力大悲藏解脫門无盡光髻主火
神得光明照曜无邊虛空界解脫門種種焰
眼主火神得種種福莊嚴寂靜光解脫門十
方宮殿如須彌山主火神得能滅一切世間
諸趣熾然苦解脫門威光自在主火神得自
在開悟一切世間解脫門光照十方主火神

時普光燄藏主火神承佛威力遍觀一切主
火神衆而説頌言
汝觀如来精進力　廣大億劫不思議
爲利衆生現世間　所有暗障皆令滅
衆生愚癡起諸見　煩惱如流及火然
導師方便悉滅除　普集光幢於此悟
福德如空无有盡　求其邊際不可得
此佛大悲无動力　光照悟入心生喜
我觀如来之所行　經於劫海无邊際
如是示現神通力　衆妙宮神所了知
億劫修成不可思　求其邊際莫能知
演法實相令歡喜　无盡光神所觀見
十方所有廣大衆　一切現前瞻仰佛

十方所有廣大衆　一切現前瞻仰佛
寂靜光明照世間　此妙燄神所能了

BD00303 大般涅槃經卷四

（北涼）曇無讖 譯

293cm × 25.5cm

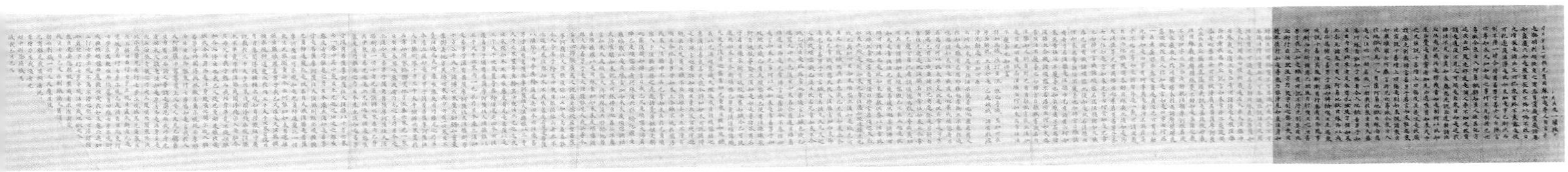

經典及一闡提自
是處畫一切相无有回緣如是等人自言我
是聰明利智輕重之罪悉皆覆藏覆藏諸惡
如龜藏六如是衆罪長夜不悔以悔不故日
夜增長是諸比丘所犯衆罪終不發露是使
所犯遂復滋漫是故如來知是事已漸次而
制不得一時尒時有善男子善女人白佛言
世尊如來久知如是之事何不先制將无世
尊欲令衆生入阿鼻獄譬如多人欲至他方
迷失正路隨逐邪道是諸人等不知迷故皆
謂是道復不見人可問是非衆生如是迷於
佛法不見正真如來應為先說正道勑諸比
丘此是犯戒此是持戒當如是制何以故如

請應先制戒佛言善男子若言如來能為衆
生宣説十善增上功德是則如來視諸衆生
如羅睺羅云何難言將无世尊欲令衆生入
於地獄我見一人有墮阿鼻地獄因緣尚為
是人住世一劫若減一劫我於衆生有大慈
悲何緣當誑如子想者令入地獄善男子如
王國内有納衣者見衣有孔然後方補如來
亦尒見諸衆生有入阿鼻地獄因緣即以戒
善而為補之善男子譬如轉輪聖王先為衆
生説十善法其後漸漸有行惡者王即隨事
漸漸而斷斷諸惡已然後自行聖王之法善
男子我亦如是雖有所説不得先制要因比
丘漸行非法然後方乃隨事制之樂法衆生
隨教脩行如是等衆乃能得見如來法身如

正律行[illegible]

隨教脩行如是等衆乃能得見如來法身如
轉輪王所有輪寶不可思議如來亦尒不可
思議法僧二寶亦不可思議能說法者及聞
法者皆不可議是名善解因緣義也菩薩如
是分別開示四種相義是名大乘大涅槃中
因緣義也復次自正者所謂得是大般涅槃
正他者我為比丘說言如來常存不變隨問
荅者迦葉因汝所問故得廣為菩薩摩訶薩
比丘比丘尼優婆塞優婆夷說是甚深微妙義
理因緣義者聲聞緣覺不解如是甚深之義
不聞伊字三點而成解脫涅槃摩訶般若成
祕密藏我今於此闡揚分別為諸聲聞開發
慧眼假使有人作如是言如是四事云何為
一非虛妄耶即應反質是虛空无所有不動

自正正他能隨問答解因緣義亦復如是即
大涅槃等无有與佛告迦葉若有善男子善
女人作如是言如來无常云何當知是无常
也如佛所言滅諸煩惱名為涅槃猶如火滅
悉无所有滅諸煩惱亦復如是故名涅槃云
何如來為常住法不變易也如佛言曰離諸
有者乃名涅槃是涅槃中无有諸有云何如
來為常住法不變易也如衣壞盡不名為物
涅槃亦尒滅諸煩惱不名為物云何如來為
常住法不變易也如佛言曰離欲寂滅名曰
涅槃如人斬首則无有首離欲寂滅亦復如
是空无所有故名涅槃云何如來為常住法
不變易也如佛言
譬如熱鐵　搥打星流　散已尋滅　莫知所在

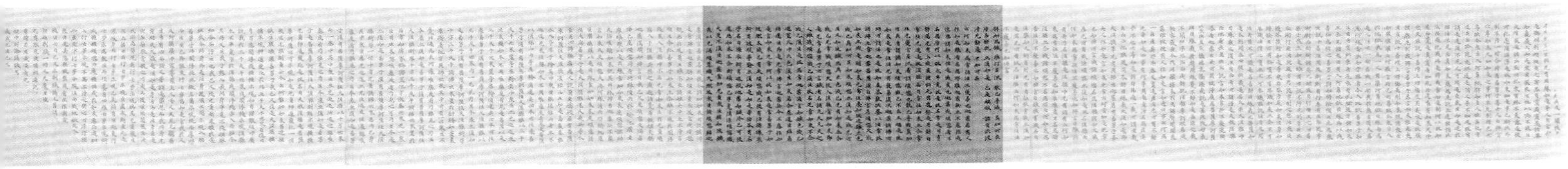

譬如熱鐵 搥打星流 散已尋滅 莫知所在
得正解脫 亦復如是 已度婬欲 諸有淤泥
得无動處 不知所在
云何如来為常住法不變易也迦葉若有人
作如是難者名為耶難迦葉汝亦不應作是
憶想謂如来性是滅盡也迦葉滅煩惱者不
名為物何以故永畢竟故是故名常是句寂
靜為无有上滅盡諸相无有遺餘是句鮮白
常住无退是故涅槃名曰常住如来亦尒常
住无變言星流者謂煩惱也散已尋滅莫知
所在者謂諸如来煩惱滅已不在五趣是故
如来是常住法无有變易復次迦葉諸佛所
師所謂法也是故如来恭敬供養以法常故
諸佛亦常迦葉菩薩復白佛言若煩惱火滅

至又如被鐵熱與赤色滅已无有如来亦尒
滅已无常滅煩惱火便入涅槃當知如来即
是无常善男子所言鐵者名諸凡夫凡夫之
人雖滅煩惱滅已復生故名无常如来不尒
滅已復生是故為常迦葉復言如鐵色滅已
還置火中赤色復生如来若尒應還生結若
結還生即是无常佛言迦葉汝今不應作如
是言如来无常何以故如来是常善男子如
彼燃木滅已有灰煩惱滅已便有涅槃壞衣
斬首破瓶等喻亦復如是如是等物各有名
字名曰壞衣斬首破瓶迦葉如鐵冷已可使
還熱如来不尒斷煩惱已畢竟清涼煩惱熾
火更不復生迦葉當知无量衆生猶如彼鐵
我以无漏智慧熾火燃彼衆生諸煩惱結迦

我以无漏智慧熾火燃彼衆生諸煩惱結迦
葉復言善哉善哉我今諦知如来所說諸佛
是常佛言迦葉辟如聖王素在後宫或時遊
觀在於後薗王雖不在諸婇女中亦不得言
聖王命終善男子如来亦尒雖不現於閻浮
提界入涅槃中不名无常如来出於无量煩
惱入于涅槃安樂之處遊諸覺華歡娛受樂
迦葉復問如佛言曰我已久度煩惱大海若
佛已度煩惱海者何緣復共耶輸陁羅生
羅睺羅以是因緣當知如来未度煩惱諸結
大海唯願如来說其因緣佛告迦葉汝不應
言如来久度煩惱大海何緣復共耶輸陁羅
生羅睺羅以是因緣當知如来未度煩惱諸
結大海善男子是大涅槃能建大義汝等今

合入葶藶子糩其中衆生依須弥山者亦不
迫迮无来往想如本不異唯應度者見是菩薩
以須弥山内葶藶糩復還安止本所住處善
男子復有菩薩摩訶薩住大涅槃能以三千
大千世界置葶藶糩其中衆生亦无迫迮及
往来想如本不異唯應度者見是菩薩以是
三千大千世界置葶藶糩復還安止本所住
處善男子復有菩薩摩訶薩住大涅槃能以
三千大千世界内一毛孔乃至本處亦復如
是善男子復有菩薩摩訶薩住大涅槃断取
十方三千大千諸佛世界置於針鋒如貫棗
葉擲着他方異佛世界其中所有一切衆生不
覺往返為在何處唯應度者乃能見之乃至
本處亦復如是善男子復有菩薩摩訶薩住

本處亦復如是善男子復有菩薩摩訶薩住
大涅槃斷取十方三千大千諸佛世界置於
右掌如陶家輪擲置他方微塵世界无一衆
生有往来想唯應度者乃見之耳乃至本處
亦復如是善男子復有菩薩摩訶薩住大涅
槃斷取一切十方无量諸佛世界悉内己身
其中衆生悉无迫迮亦无往返及住處想唯
應度者乃能見之乃至本處亦復如是善男
子復有菩薩摩訶薩住大涅槃以十方世界
内一塵中其中衆生亦无迫迮往返之想唯
應度者乃能見之乃至本處亦復如是善男
子是菩薩摩訶薩住大涅槃則能示現種種
无量神通變化是故名曰大般涅槃是菩薩
摩訶薩所可示現如是无量神通變化一切

種亦現神通變化於此三千大千世界百億日
月百億閻浮提種種亦現如首楞嚴經中廣
說我於三千大千世界或閻浮提亦現涅槃
亦不畢竟取於涅槃或閻浮提亦入母胎令
其母父生我子想而我此身畢竟不從婬欲
和合而得生也我已久從无量劫來離於愛
欲我今此身即是法身隨順世間亦現入胎
善男子此閻浮提林微尼園亦現從母摩耶
而生生已即能東行七步唱如是言我於人
天阿脩羅中最尊最上父母人天見已驚喜
生希有心而諸人等謂是嬰兒而我此身无
量劫來久離是法如是身者即是法身非是
肉血筋脉骨髓之所成立隨順世間衆生法
故亦為嬰兒南行七步亦現欲為无量衆生

故亦為嬰兒南行七步亦現欲為无量衆生
作上福田西行七步亦現生盡永斷老死是
最後身北行七步亦現已度諸有生死東行
七步亦為衆生而作導首四維七步亦現斷
滅種種煩惱四魔種性成於如来應正遍知
上行七步亦現不為不淨之物之所染汙猶
如虛空下行七步亦現法雨滅地獄火令
衆生受安隱樂毀禁戒者亦作霜雹
提生七日已又亦剃髮諸人皆謂
初始剃髮一切人天魔王波
无有能見我頂相者況
有持刀至我頂者无
劫中剃除鬚髮為
髮我已生已父
摩醯首羅

BD00304 大般涅槃經卷一四

（北涼）曇無讖 譯

349.4cm × 25.5cm

精進於波羅柰爲中
輪今於此閒拘尸那城爲上精進輪
復次善男子我昔於彼波羅柰城初轉法輪
八万天人得須陁洹果今於此閒拘尸那城
八十万億人不退轉於阿耨多羅三藐三菩
提復次善男子波羅柰城大梵天王稽首請
我轉於法輪今於此閒拘尸那城迦葉菩薩
稽首請我轉大法輪復次善男子我昔於彼
波羅柰城轉法輪時説无常苦空无我今於
此閒拘尸那城轉法輪時説常樂我淨復次
善男子我昔於彼波羅柰城轉法輪時所出
音聲聞于梵天如来今於拘尸那城轉法輪

子諸佛世尊凡有所説皆悉名為轉法輪也
善男子辟如聖王所有輪寶未降伏者能令
降伏已降伏者能令安隱善男子諸佛世尊
凡所説法亦復如是无量煩惱未調伏者能
令調伏已調伏者令生善根善男子辟如聖
王所有輪寶則能消滅一切怨賊如來演法
亦復如是能令一切諸煩惱賊皆悉寂静復
次善男子辟如聖王所有輪寶上下迴轉如
來説法亦復如是能令下趣諸惡衆生上生
人天乃至佛道善男子是故汝今不應讚言
如來於此更轉法輪尒時文殊師利白佛言
世尊我於此義非為不知所以問者為欲利
益諸衆生故世尊我已久知轉法輪者實是

益諸衆生故世尊我已久知轉法輪者實是
諸佛如来境界非是聲聞緣覺所知

尒時世尊告迦葉菩薩善男子是名菩薩住
於大乘大涅槃經所行聖行迦葉菩薩白佛
言世尊復以何義名為聖行善男子聖名諸
佛世尊以是義故名為聖行世尊若是諸佛
之所行者則非聲聞緣覺菩薩所能循行善
男子是諸佛世尊安住於此大般涅槃而作
如是開示分別演說其義以是義故名曰聖
行聲聞緣覺及諸菩薩如是聞已則能奉行
故名聖行善男子是菩薩摩訶薩得是行已
則得住於无所畏地善男子若有菩薩得住

有二種一者阿脩羅二者人中人中有三種
惡一者一闡提二者誹謗方等經典三者犯
四重禁善男子住是地中諸菩薩等終不畏
墮如是惡中亦復不畏沙門婆羅門外道耶
見天魔波旬亦復不畏受二十五有是故此
地名无所畏善男子菩薩摩訶薩住无畏地
得二十五三昧壞二十五有善男子得无垢
三昧能壞地獄有得无退三昧能壞畜生有
得心樂三昧能壞餓鬼有得歡喜三昧能壞
阿脩羅有得日光三昧能斷弗婆提有得月
光三昧能斷瞿耶尼有得熱炎三昧能斷欝
單曰有得如幻三昧能斷閻浮提有得一切
法不動三昧能斷四天王處有得難伏三昧

法不動三昧能斷四天王處有得難伏三昧
能斷三十三天處有得悅意三昧能斷炎摩
天有得青色三昧能斷兜術天有得黄色三
昧能斷化樂天有得赤色三昧能斷他化自
在天有得白色三昧能斷初禪有得種種三
昧能斷大梵天有得雙三昧能斷二禪有得
雷音三昧能斷三禪有得注雨三昧能斷四
禪有得如虚空三昧能斷无想有得照鏡三
昧能斷淨居阿那含有得无㝵三昧能斷空
處有得常住三昧能斷識處有得樂三昧能
斷不用處有得我三昧能斷非想非非想處
有善男子是名菩薩得二十五三昧斷二十

欲吹壞須弥山王隨意即能欲知三千大千
世界所有衆生心之所念亦悉能知欲以三
千大千世界所有衆生內於己身一毛孔中
隨意即能亦令衆生无迫迮想若欲化作无
量衆生悉令充滿三千大千世界中者亦能
隨意欲分一身以為多身復令多身以為一
身雖作如是心无所著猶如蓮華善男子菩
薩摩訶薩得入如是三昧王已即得住於自
在之地菩薩得住是自在地得自在力隨欲
生處即得往生善男子譬如聖王領四天下
隨意所行无能鄣㝵菩薩摩訶薩亦復如是
一切生處若欲生者隨意往生善男子菩薩
摩訶薩若見地獄一切衆生有可令得住善

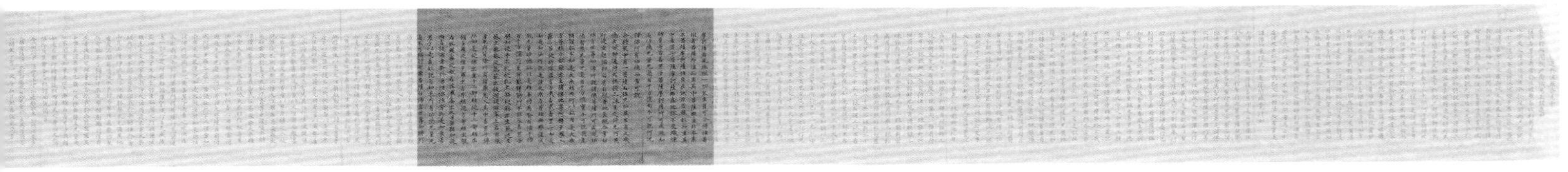

摩訶薩若見地獄一切衆生有可令得住善
根者菩薩即往而生其中菩薩雖生非本業
果菩薩摩訶薩住自在地力因緣故而生其
中善男子菩薩摩訶薩雖在地獄不受熾燃
碎身等苦善男子菩薩摩訶薩所可成就如
是功德无量无邊百千万億尚不可說何況
諸佛所有功德而當可說
尒時衆中有一菩薩名住无垢藏王有大威
德成就神通得大惣持三昧具足得无所畏
即從坐起偏袒右肩右膝著地長跪合掌白
佛言世尊如佛所說諸佛菩薩所可成就功
德智慧无量无邊百千万億實不可說我意

藐三菩提時佛讚言善哉善哉善男子如是
如是如汝所說是諸大乘方等經典雖復成
就无量功德欲比是經不得為喻百倍千倍
百千万億乃至筭數譬喻所不能及善男子
譬如從牛出乳從乳出酪從酪出生蘇從生
蘇出熟蘇從熟蘇出提湖提湖最上若有服
者衆病皆除所有諸藥悉入其中善男子佛
亦如是從佛出生十二部經從十二部經出
脩多羅從脩多羅出方等經從方等經出般
若波羅蜜從般若波羅蜜出大涅槃猶如提
湖言提湖者喻於佛性佛性者即是如來善
男子以是義故說言如來所有功德无量无
邊不可稱計迦葉菩薩白佛言世尊如佛所

遏不可稱計迦葉菩薩白佛言世尊如佛所
讃大涅槃經猶如提湖冣上冣勝若有能服
衆病悉除一切諸藥悉入其中我聞是已竊
復思念若有不能聽受是經當知是人為大
愚癡无有善心世尊我於今者實能堪忍剥
皮為紙刺血為墨以髓為水析骨為筆書寫
如是大涅槃經書已讀誦令其通利然後為
人廣說其義世尊若有衆生貪著財物我當
施財然後以是大涅槃經勸之令讀若尊貴
者先以愛語而隨其心然後漸當以是大乘
大涅槃經勸之令讀若凡庶者當以威勢逼
之令讀若憍慢者我當為其而作僕使隨順
其意令其歡喜然後復當以大涅槃而教導

[illegible]
乘經者我躬當往恭敬供養尊重讚嘆尒時
佛讚迦葉菩薩善哉善哉汝甚愛樂大乘經
典貪大乘經受大乘經味大乘經信敬尊重
供養大乘善男子汝今以此善心因緣當得
超越无量无邊恒河沙等諸大菩薩在前得
成阿耨多羅三藐三菩提汝亦不久復當如
我廣為大衆演說如是大般涅槃如來佛性
諸佛所說秘密之藏善男子過去之世佛日
未出我於尒時作婆羅門修菩薩行悉能通
達一切外道所有經論修寂滅行具足威儀
其心清淨不為外來能生欲想之所破壞滅
瞋恚火受持常樂我淨之法周遍求索大乘
經典乃至不聞方等名字我於尒時住於雪

瞋恚大受持常樂我淨之法周遍求索大乘
經典乃至不聞方等名字我於尒時住於雪
山其山清淨流泉浴池樹林藥木充滿其地
處處石間有清流水多諸香華周遍嚴餝衆
鳥禽獸不可稱計甘果滋繁種別難計復有
无量藕根甘根青木香根我於尒時獨處其
中唯食諸果食已繫心思惟坐禪逕无量歲
亦不聞有如來出世大乘經名善男子我脩
如是苦難行時釋提桓因諸天人等心大驚
恠即共集會各各相謂而說偈言

各共相指示　清淨雪山中　寂滅離欲主　功德莊嚴王
已離貪瞋慢　永斷諂愚癡　口初未曾說　麤惡等語言

尒時衆中有一天子名曰歡喜復說偈言

如是離欲人　清淨勤精進　將非求帝釋　及諸天[illegible]

尒時復有一仙天子即為帝釋而說偈言
天主憍尸迦　不應生是慮　外道脩苦行　何必求帝釋
說是偈已復作是言憍尸迦世有大士為衆
生故不貪己身為欲利益諸衆生故而脩種
種无量苦行如是之人見生死中諸過咎故
設見珎寶滿此大地諸山大海不生貪著如
視涕唾如是大士棄捨財寶所愛妻子頭目
髓腦手足支節所居舍宅象馬車乘奴婢僮
僕亦不願求生於天上唯求欲令一切衆生
得受快樂如我所解如是大士清淨无染衆
結永盡唯欲求於阿耨多羅三藐三菩提釋
提桓因復作是言如汝言者是人則為攝取
一切世間所有衆生大仙若此世間有佛樹

長枝因復作是言如言者是大菩提
一切世間所有衆生大仙若此世間有佛樹
者能除一切諸天世人及阿脩羅煩惱毒虵
是諸衆生住是佛樹蔭涼中者煩惱諸毒恚
得消滅大仙是人若當未來世中作善逝者
我等悉當得滅无量熾燃煩惱如是之事實
爲難信何以故无量百千諸衆生等發阿耨
多羅三藐三菩提心見少微緣於阿耨多羅
三藐三菩提即便動轉如水中月水動則動
猶如畫像難成易壞菩提之心亦復如是難
發易壞大仙如有多人以諸鎧杖牢自莊嚴
欲前討賊臨陣恐怖則便退散无量衆生亦
復如是發菩提心牢自莊嚴見生死過心生

苦行无惱无熱住於道撿其行清淨未能信
也我今要當自往試之知其實能堪任荷負
阿耨多羅三藐三菩提大重擔不大仙如車
有二輪則有載用鳥有二翼堪任飛行是苦
行者亦復如是我雖見其堅持禁戒未知其
人有深智不若有深智當知則能堪任荷負
阿耨多羅三藐三菩提之重擔也大仙譬如
魚母多有胎子成就者少如菴羅樹華多果
少衆生發心乃有无量及其成就少不足言
大仙我當與汝俱往試之大仙譬如真金三
種試已乃知其真謂燒打磨試彼苦行亦當
如是尒時釋提桓因自變其身作羅刹像形
甚可畏下至雪山去其不遠而便立住是時

如是尒時釋提桓因自變其身作羅剎像形
甚可畏下至雪山去其不遠而便立住是時
羅剎心无所畏勇健難當辯才次第其聲清
雅宣過去佛所說半偈
諸行无常　是生滅法
說是半偈已便住其前所現形貌甚可怖畏
顧眄遍視觀於四方是苦行者聞是半偈心
生歡喜譬如估客於嶮難處夜行失伴恐怖
推求還遇同侶心生歡喜踊躍无量亦如久
病未遇良醫瞻病好藥後卒得之如人沒海
卒遇船舫如渴之人遇清冷水如為怨逐忽
然得脫如久繫人卒聞得出亦如農夫炎旱
值雨亦如行人還得歸家家人聞已生大歡
喜善男子我於尒時聞是半偈心中歡喜亦

BD00305 妙法蓮華經卷四

（後秦）鳩摩羅什 譯

93cm×25.8cm

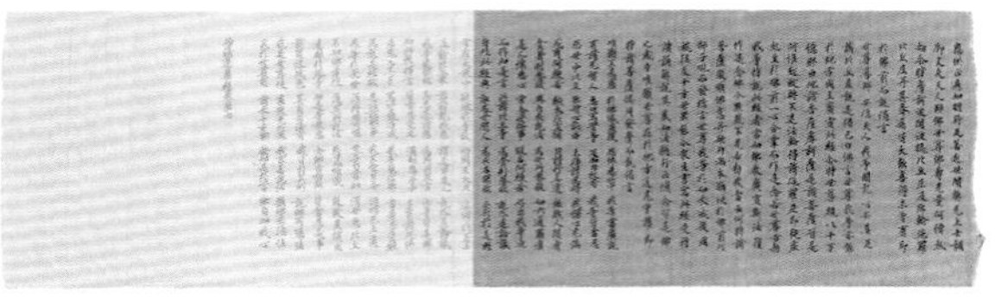

應供正遍知明行足善逝世間解无上士調
御丈夫天人師佛世尊壽无量阿僧祇
劫尒時摩訶波闍波提比丘尼及耶輸陁羅
比丘尼并其眷屬皆大歡喜得未曾有即
於佛前而說偈言
世尊導師　安隱天人　我等聞記　心安具足
諸比丘尼說是偈已白佛言世尊我等亦能
於他方國土廣宣此經尒時世尊視八十万
億那由他諸菩薩摩訶薩是諸菩薩皆是
阿惟越致轉不退法輪得諸陁羅尼即從座
起至於佛前一心合掌而作是念若世尊告勅
我等持說此經者當如佛教廣宣斯法復

師子吼而發誓言世尊我等於如來滅後周
旋往反十方世界能令衆生書寫此經受持
讀誦解說其義如法修行正憶念皆是佛
之威力唯願世尊在於他方遙見守護　即
時諸菩薩俱同發聲而說偈言
唯願不爲慮　於佛滅度後　恐怖惡世中　我等當廣說
有諸无智人　惡口罵詈等　及加刀杖者　我等皆當忍
惡世中比丘　邪智心諂曲　未得謂爲得　我慢心充滿
或有阿練若　納衣在空閑　自謂行真道　輕賤人間者
貪著利養故　與白衣說法　爲世所恭敬　如六通羅漢
是人懷惡心　常念世俗事　假名阿練若　好出我等過
而作如是言　此諸比丘等　爲貪利養故　說外道論議
自作此經典　誑惑世間人　爲求名聞故　分別於是經

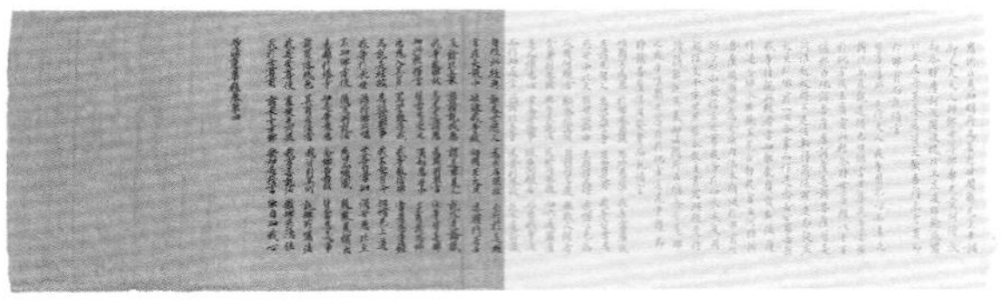

自作此經典　誑惑世間人　爲求名聞故　分別於是經
常在大衆中　欲毀我等故　向國王大臣　婆羅門居士
及餘比丘衆　誹謗說我惡　謂是邪見人　說外道論議
我等敬佛故　悉忍是諸惡　爲斯所輕言　汝等皆是佛
如此輕慢言　皆當忍受之　濁劫惡世中　多有諸恐怖
惡鬼入其身　罵詈毀辱我　我等敬信佛　當著忍辱鎧
爲說是經故　忍此諸難事　我不愛身命　但惜无上道
我等於來世　護持佛所囑　世尊自當知　濁世惡比丘
不知佛方便　隨宜所說法　惡口而顰蹙　數數見擯出
遠離於塔寺　如是等衆惡　念佛告勑故　皆當忍是事
諸聚落城邑　其有求法者　我皆到其所　說佛所囑法
我是世尊使　處衆无所畏　我當善說法　願佛安隱住
我於世尊前　諸來十方佛　發如是誓言　佛自知我心

妙法蓮華經卷第四

BD00306 金剛般若波羅蜜經

（後秦）鳩摩羅什 譯

BD00306v 雜寫

471.5cm × 27cm

是人不於一佛二佛
三四五佛……无量千万佛所種諸
善根聞是章句乃至一念生淨信者須菩提
如來悉知悉見是諸衆生得如是无量福德
何以故是諸衆生无復我相人相衆生相壽者
相无法相亦无非法相何以故是諸衆生若心取
相則為着我人衆生壽者若取法相即着我
人衆生壽者何以故若取非法相即着我人衆
生壽者是故不應取法不應取非法以是義
故如來常說汝等比丘知我說法如筏喻者法
尚應捨何況非法
須菩提於意云何如來得阿耨多羅三藐三
耶如來有所說法耶須菩提言如我解

佛所說

提亦无有定法如來可說何以故如來所說法
皆不可取不可說非法非非法所以者何一切
賢聖皆以无為法而有差別
須菩提於意云何若人滿三千大千世界七寶
以用布施是人所得福德寧為多不須菩提
言甚多世尊何以故是福德即非福德性是故
如來說福德多若復有人於此經中受持乃至
四句偈等為他人說其福勝彼何以故須菩提
一切諸佛及諸佛阿耨多羅三藐三菩提法
皆從此經出須菩提所謂佛法者即非佛法
須菩提於意云何須陀洹能作是念我得須
陀洹果不須菩提言不也世尊何以故須陀洹
名為入流而无所入不入色聲香味觸法是名

名為入流而无所入不入色聲香味觸法是名
須陁洹
須菩提於意云何斯陁含能作是念我得斯
陁含果不須菩提言不也世尊何以故斯陁含
名一往來而實无往來是名斯陁含
須菩提於意云何阿那含能作是念我得阿
那含果不須菩提言不也世尊何以故阿那含名
為不來而實无來是故名阿那含
須菩提於意云何阿羅漢能作是念我得阿
羅道不須菩提言不也世尊何以故實无有法
名阿羅漢世尊若阿羅漢作是念我得阿羅
漢道即為著我人衆生壽者世尊佛說我得无
諍三昧人中最為第一是第一離欲阿羅漢我不
作是念我是離欲阿羅漢世尊我若作是念我

行者以須菩提實无所行而名須菩提是樂阿蘭
那行佛告須菩提於意云何如来於然燈佛所於
法有所得不世尊如来在然燈佛所於法實无所
得須菩提於意云何菩薩莊嚴佛土不不也世
尊何以故莊嚴佛土者則非莊嚴是名莊嚴是
故須菩提諸菩薩摩訶薩應如是生清淨心不
應住色生心不應住聲香味觸法生心應无所
住而生其心須菩提譬如有人身如須弥山王
於意云何是身為大不須菩提言甚大世尊何
以故佛說非身是名大身
須菩提如恒河中所有沙數如是沙等恒河於
意云何是諸恒河沙寧為多不須菩提言甚多
世尊但諸恒河尚多无數何况其沙須菩提我今

意云何是諸恒河沙寧為多不須菩提言甚多
世尊但諸恒河尚多无數何況其沙須菩提我今
實言告汝若有善男子善女人以七寶滿尒
所恒河沙數三千大千世界以用布施得福多不
須菩提言甚多世尊佛告須菩提若善男子
善女人於此經中乃至受持四句偈等為他人
說而此福德勝前福德
復次須菩提隨說是經乃至四句偈等當知
此處一切世間天人阿脩羅皆應供養如佛塔
廟何況有人盡能受持讀誦須菩提當知是
人成就最上第一希有之法若是經典所在之
處則為有佛若尊重弟子
尒時須菩提白佛言世尊當何名此經我等
云何奉持佛告須菩提是經名為金剛般若

佛說般若波羅蜜則非般若波羅蜜須菩提
於意云何如來有所說法不須菩提白佛言世
尊如來无所說須菩提於意云何三千大千世
界所有微塵是為多不須菩提言甚多世尊
須菩提諸微塵如來說非微塵是名微塵
如來說世界非世界是名世界
須菩提於意云何可以卅二相見如來不不也
世尊不可以卅二相得見如來何以故如來說卅
二相即是非相是名卅二相須菩提若有善
男子善女人以恒河沙等身命布施若復有
人於此經中乃至受持四句偈等為他人說其
福甚多
尒時須菩提聞說是經深解義趣涕淚悲

尒時須菩提聞說是經深解義趣涕淚悲
泣而白佛言希有世尊佛說如是甚深經典
我從昔來所得慧眼未曾得聞如是之經世尊
若復有人得聞是經信心清淨則生實相當知
是人成就最上第一希有功德世尊是實相者
則是非相是故如來說名實相世尊我今得聞
如是經典信解受持不足為難若當來世後
五百歲其有衆生得聞是經信解受持是人則
為第一希有何以故此人无我相人相衆生相壽
者相所以者何我相即是非相人相衆生相壽
者相即是非相何以故離一切諸相則名諸佛
佛告須菩提如是如是若復有人得聞是經
不驚不怖不畏當知是人甚為希有何以故須

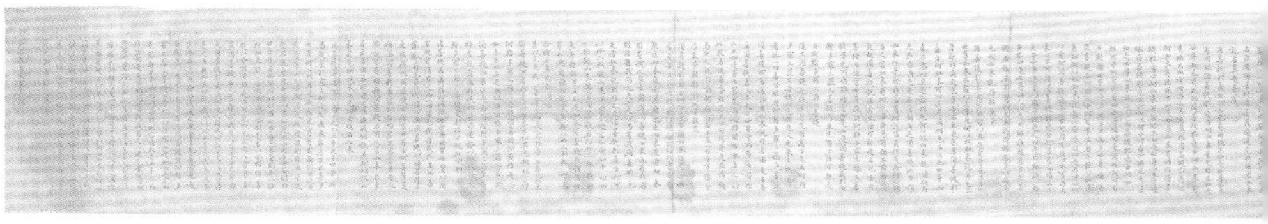

非忍辱波羅蜜何以故須菩提如我昔為歌利
王割截身體我於尒時无我相无人相无衆生相
无壽者相何以故我於往昔節節支解時若有
我相人相衆生相壽者相應生瞋恨
須菩提又念過去於五百世作忍辱仙人於尒
所世无我相无人相无衆生相无壽者相是故
須菩提菩薩應離一切相發阿耨多羅三藐
三菩提心不應住色生心不應住聲香味觸法
生心應生无所住心若心有住則為非住是故
佛說菩薩心不應住色布施須菩提菩薩
為利益一切衆生應如是布施如來說一切諸
相即是非相又說一切衆生則非衆生須菩提
如來是真語者實語者如語者不誑語者不

BD00306　金剛般若波羅蜜經

相即是非相又說一切衆生則非衆生須菩提
如來是真語者實語者如語者不誑語者不
異語者須菩提如來所得法此法无實无虛
須菩提若菩薩心住於法而行布施如人入闇則
无所見若菩薩心不住於法而行布施如人有目
日光明照見種種色須菩提當來之世若有善
男子善女人能於此經受持讀誦則為如來以佛
智慧悉知是人悉見是皆得成就无量无邊功
德須菩提若有善男子善女人初日分以恒河
沙等身布施中日分復以恒河沙等身布施 後
日分亦以恒河沙等身布施如是无量百 千万
億劫以身布施若復有人聞此經典信心不逆
其福勝彼何況書寫受持讀誦為人解說須菩

有人能受持讀誦廣為人說如來悉知是人悉見
是人皆得成就不可量不可稱无有邊不可思
議功德如是等人則為荷擔如來阿耨多羅三
藐三菩提何以故須菩提若樂小法者著我
見人見衆生見壽者見則於此經不能聽受
讀誦為人解說須菩提在在處處若有此經一
切世間天人阿脩羅所應供養當知此處則為
是塔皆應恭敬作礼圍遶以諸華香而散其處
復次須菩提若善男子善女人受持讀誦此經
若為人輕賤是人先世罪業應墮惡道以今世
人輕賤故先世罪業則為消滅當得阿耨多羅
三藐三菩提須菩提我念過去无量阿僧祇劫
於然燈佛前得值八百四千万億那由他諸佛

於然燈佛前得值八百四千万億那由他諸佛
悉皆供養承事无空過者若復有人於後末
世能受持讀誦此經所得功德於我所供養
諸佛功德百分不及一千万億分乃至筭數譬
喻所不能及須菩提若善男子善女人於後
末世有受持讀誦此經所得功德我若具說者
或有人聞心則狂亂狐疑不信須菩提當知是
經義不可思議果報亦不可思議
尒時須菩提白佛言世尊善男子善女人發
阿耨多羅三藐三菩提心云何應住云何降伏其
心佛告須菩提若善男子善女人發阿耨多羅
三藐三菩提者當生如是心我應滅度一切衆
生滅度一切衆生已而无有一衆生實滅度者何以

三藐三菩提心者
須菩提於意云何如來於然燈佛所有法得
阿耨多羅三藐三菩提不不也世尊如我解佛
所說義佛於然燈佛所无有法得阿耨多羅
三藐三菩提佛言如是如是須菩提實无有
法如來得阿耨多羅三藐三菩提須菩提若有
法如來得阿耨多羅三藐三菩提者然燈佛則
不與我授記汝於來世當得作佛号釋迦牟
尼以實无有法得阿耨多羅三藐三菩提是故
然燈佛與我授記作是言汝於來世當得作
佛号釋迦牟尼何以故如來者即諸法如義
若有人言如來得阿耨多羅三藐三菩提須
菩提實无有法佛得阿耨多羅三藐三菩提

若有人言如来得阿耨多羅三藐三菩提須
菩提實无有法佛得阿耨多羅三藐三菩提
須菩提如来所得阿耨多羅三藐菩提於是
中无實无虚是故如来說一切法皆是佛法須
菩提所言一切法者即非一切法是故名一切法
須菩提譬如人身長大須菩提言世尊如来
說人身長大則為非大身是名大身須菩提
菩薩亦如是若作是言我當滅度无量衆生
則不名菩薩何以故須菩提實无有法名為菩
薩是故佛說一切法无我无人无衆生无壽者
須菩提菩薩若作是言我當莊嚴佛土是不名
菩薩何以故如来說莊嚴佛土者即非莊嚴是
名莊嚴須菩提若菩薩通達无我法者如来
說名眞是菩薩

有肉眼須菩提於意云何如來有天眼不如是
世尊如來有天眼須菩提於意云何如來有
慧眼不如是世尊如來有慧眼須菩提於意云
何如來有法眼不如是世尊如來有法眼須菩
提於意云何如來有佛眼不如是世尊如來有佛
眼須菩提於意云何如恒河中所有沙佛說是沙不
如是世尊如來說是沙須菩提於意云何如一
恒河中所有沙有如是等恒河是諸恒河所有
沙數佛世界如是寧為多不甚多世尊　佛告
須菩提尒所國土中所有衆生若干種心如來
悉知何以故如來說諸心皆為非心是名為心所
以者何須菩提過去心不可得現在心不可得未
來心不可得須菩提於意云何若有人滿三千

以者何須菩提過去心不可得現在心不可得未
來心不可得須菩提於意云何若有人滿三千
大千世界七寶以用布施是人以是因緣得福
多不如是世尊此人以是因緣得福甚多須菩
提若福德有實如來不說得福德多以福德
无故如來說得福德多
須菩提於意云何佛可以具足色身見不不也
世尊如來不應以色身見何以故如來說具足色
身即非具足色身是名具足色身須菩提於
意云何如來可以具足諸相見不不也世尊如
來不應以具足諸相見何以故如來說諸相具
足即非具足是名諸相具足須菩提汝勿謂
如來作是念我當有所說法莫作是念何以故
若人言如來有所說法即為謗佛不能解我

菩提白佛言世尊佛得阿耨多羅三藐三菩
提爲无所得耶佛言如是如是須菩提我於阿
耨多羅三藐三菩提乃至无有少法可得是
名阿耨多羅三藐三菩提
復次須菩提是法平等无有高下是名阿耨
多羅三藐三菩提以无我无人无衆生无壽
者修一切善法則得阿耨多羅三藐三菩提
須菩提所言善法者如來說非善法是名善
法須菩提若三千大千世界中所有諸須弥
山王如是等七寶聚有人持用布施若人以
此般若波羅蜜經乃至四句偈等受持讀誦
爲他人說於前福德百分不及一百千万億分
乃至筭數譬喻所不能及

乃至筭數譬喻所不能及
須菩提於意云何汝等勿謂如来作是念我
當度衆生須菩提莫作是念何以故實无有
衆生如来度者若有衆生如来度者如来
則有我人衆生壽者須菩提如来說有我者
則非有我而凡夫之人以爲有我須菩提凡
夫者如来說則非凡夫須菩提於意云何可
以卅二相觀如来不須菩提言如是如是以卅
二相觀如来佛言須菩提若以卅二相觀如
来者轉輪聖王則是如来須菩提白佛言世
尊如我解佛所說義不應以卅二相觀如来
尒時世尊而說偈言
若以色見我　以音聲求我　是人行邪道　不能見如来

阿耨

如来不以具足相故得阿耨多羅三藐三菩提
須菩提汝若作是念發阿耨多羅三藐三菩
提者說諸法斷滅相莫作是念以何故發阿
耨多羅三藐三菩提者於法不說斷滅相
須菩提若菩薩以滿恒河沙等世界七寶以用
布施若復有人知一切法无我得成於忍此菩
薩勝前菩薩所得功德須菩提以諸菩薩不
受福德故須菩提白佛言世尊云何菩薩不受
福德須菩提菩薩所作福德不應貪著是故
佛說不受福德須菩提若有人言如来若来
若去若坐若卧是人不解我所說義何以故如
来者无所從来亦无所去故名如来
須菩提若善男子善女人以三千大千世界碎

来者无所從来亦无所去故名如来
須菩提若善男子善女人以三千大千世界碎
為微塵於意云何是微塵衆寧為多不甚多
世尊何以故若是微塵衆實有者佛則不說是
微塵衆所以者何佛說微塵衆則非微塵衆
是名微塵衆世尊如来所說三千大千世界則非
世界是名世界何以故若世界實有者則是一合
相如来說一合相則非一合相是名一合相須菩
提一合相者則是不可說但凡夫之人貪著其
事須菩提若人言佛說我見人見衆生見壽者
見須菩提於意云何是人解我所說義不不也世尊
是人不解如来所說義何以故世尊說我見人見衆
生見壽者見即非我見人見衆生見壽者見是

是信解不生法相須菩提所言法相者如來說即
非法相是名法相須菩提若有人以滿無量阿僧祇
世界七寶持用布施若有善男子善女人發菩薩心
者持於此經乃至四句偈等受持讀誦為人演說
其福勝彼云何為人演說不取於相如如不動何以故
一切有為法　如夢幻泡影　如露亦如電　應作如是觀
佛說是經已長老須菩提及諸比丘比丘尼優
婆塞優婆夷一切世間天人阿脩羅聞佛所說
皆大歡喜信受奉行

金剛般若波羅蜜經

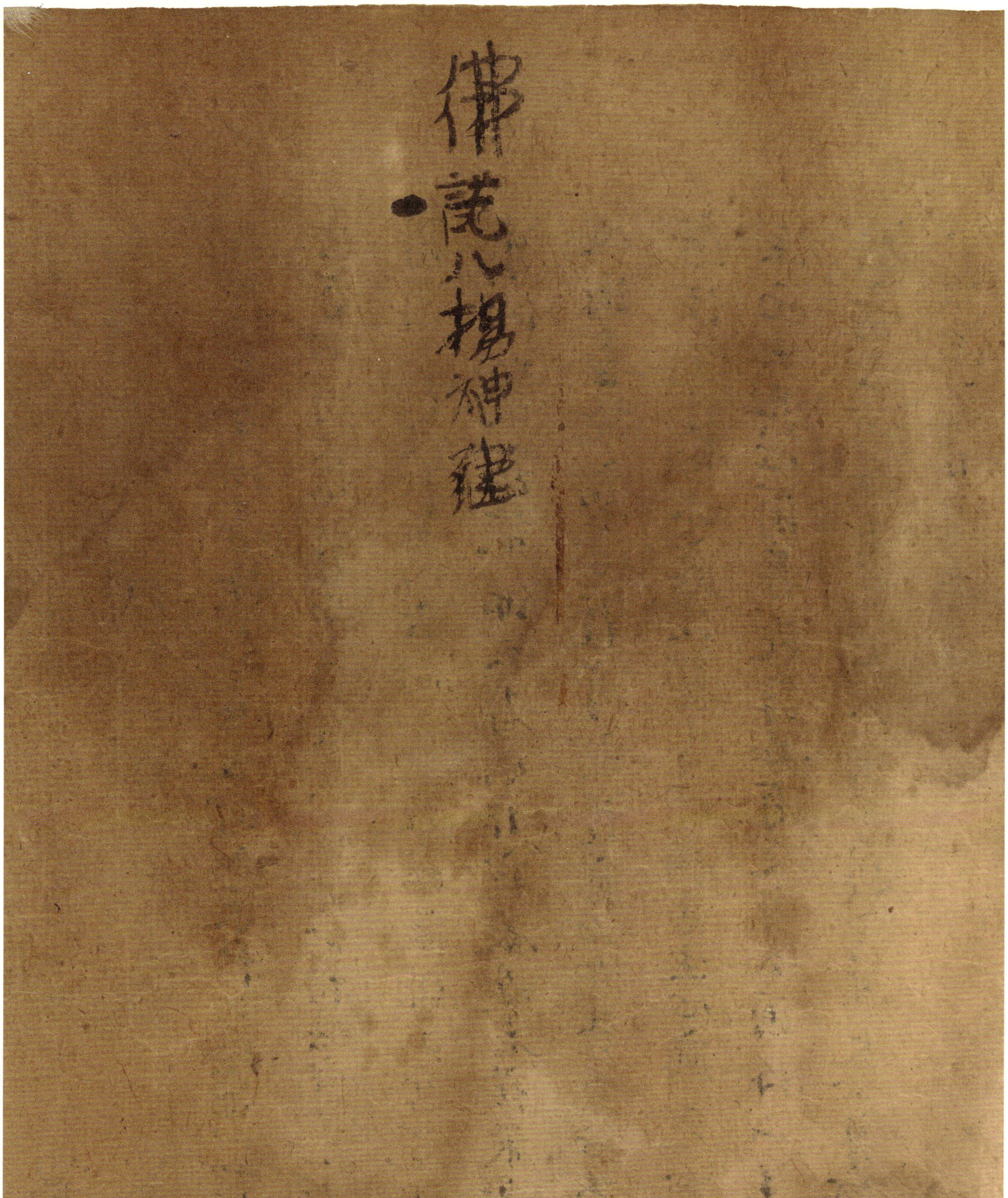

BD00306v　雜寫

BD00307　金剛般若波羅蜜經

（後秦）鳩摩羅什　譯

100.7cm × 25.9cm

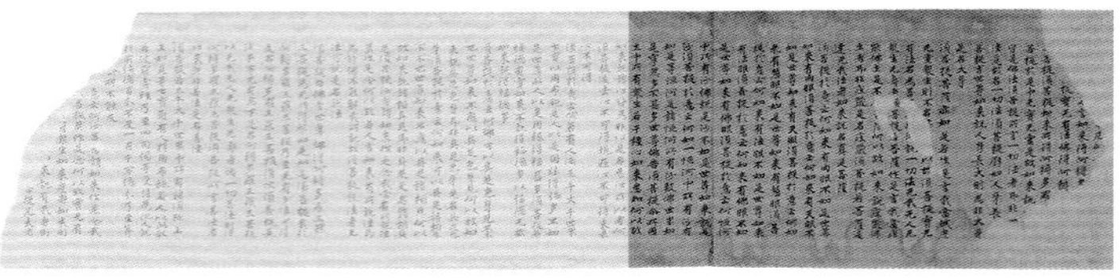

……尼佑……
……人言如来得阿耨多
……提實无有法佛得阿耨
……菩提須菩提如来所得阿耨多羅
菩提於是中无實无虛是故如来說
皆是佛法須菩提所言一切法者即非一
法是故名一切法須菩提譬如人身長
菩提言世尊如来說人身長大則為非大身
是名大身
須菩提菩薩亦如是若作是言我當滅度
无量衆生則不名菩……以故須菩提實无
有法名為菩……佛說一切法无我无人无
衆生无壽者須菩提菩薩作是言我當莊
[illegible]

達无我法者如来説名真是菩薩
須菩提於意云何如来有肉眼不如是世尊
如来有肉眼須菩提於意云何如来有天眼不
如是世尊如来有天眼須菩提於意云何如
来有慧眼不如是世尊如来有慧眼須菩
提於意云何如来有法眼不如是世尊如来
有法眼須菩提於意云何如来有佛眼不如
是世尊如来有佛眼須菩提於意云何恒河
中所有沙佛説是沙不如是世尊如来説是
沙須菩提於意云何如一恒河中所有沙有
如是等恒河是諸恒河所有沙數佛世界如
是寧為多不甚多世尊佛告須菩提尒所國
土中所有衆生若干種心如来悉知何以故

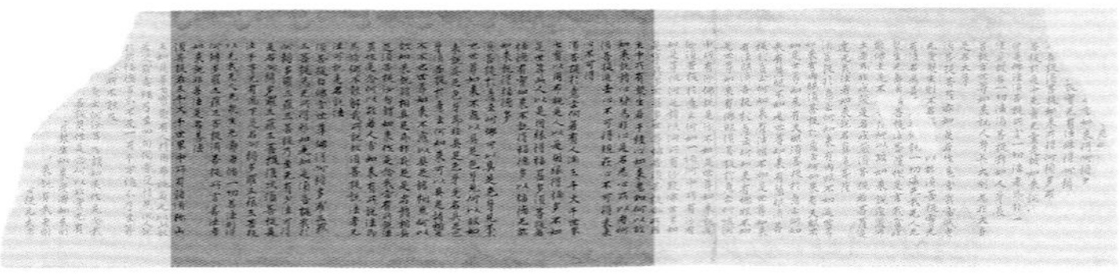

[illegible]
土中所有衆生若干種心如来悉知何以故
如来說諸心皆爲非心是名爲心所以者何
須菩提過去心不可得現在心不可得未来
心不可得
須菩提於意云何若有人滿三千大千世界
七寶以用布施是人以是因緣得福多不如
是世尊此人以是因緣得福甚多須菩提若
福德有實如来不說得福德多以福德无故
如来說得福德多
須菩提於意云何佛可以具足色身見不
也世尊如来不應以具足色身見何以故如
来說具足色身即非具足色身是名具足色
身須菩提於意云何如来可以具足諸相見
[illegible]

是須菩提汝勿謂如来作是念我當有所說法
莫作是念何以故若人言如来有所說法即
為謗佛不能解我所說故須菩提說法者无
法可說是名說法
須菩提白佛言世尊佛得阿耨多羅三藐
三菩提為无所得耶如是如是須菩提我於
阿耨多羅三藐三菩提乃至无有少法可得
是名阿耨多羅三藐三菩提復次須菩提是
法平等无有高下是名阿耨多羅三藐三菩提
以无我无人无衆生无壽者脩一切善法則得
阿耨多羅三藐三菩提須菩提所言善法者
如来說非善法是名善法
須菩提若三千大千世界中所有諸須弥山

須菩提若三千大千世界中所有諸須弥山
王如是等七寶聚有人持用布施若人以此般
若波羅蜜經乃至四句偈等受持為他人說
於前福德百分不及一百千万億分乃至筭
喻所不能及
意云何汝等勿謂如来作是念我
菩提莫作是念何以故實无有
有衆生如来度者如来則
如来說有我者則
菩提凡夫者

BD00308 除恐災患經

（西秦）聖堅 譯

724.1cm×26.5cm

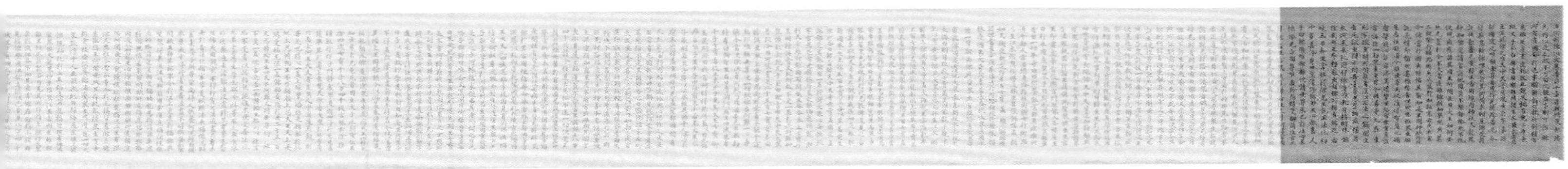

力所制佛以大慈普許十方等視憎愛救濟
為務以是之故不可留之便告才明可詣佛
所宣貴國命於是才明辭詣竹林行到精舍
見佛世尊盡虔礼敬五體投地右繞三帀長
跪叉手而白佛言維耶離國諸王大臣長者居
士遥礼佛足唯天中天普慈衆生莫不蒙濟
鄙國遭厄唯願世尊垂恩降光隣愍苦厄令
得蘇息時佛嘿然許其所請才明見佛受請
許往歡喜无量時王舍國境内神祇天龍鬼
神知佛受請當詣他國莫不躁動慘然不悅
便現感應語其國王阿闍世曰大王如何安
然无憂於今不久當違離佛猶如嬰兒失其

說是情即愴然甚懷愁苦嘿然思惟衆生頑
愚志性鈍濁令離世尊安從復得智慧之礪
磨瑩鈍心誰當濟其塵勞重態宿世重責誰
當誨除一切衆生重罪令輕吾等久在生
死牢獄重閉所閑誰當復以正法之鑰開生
生死獄重閉牢閑吾等普為勞垢臧陽暑
熱所炙安從復得佛清凉教月精明珠銷
除炎熱王即勑嚴出詣佛所稽首佛足右
繞三帀却坐常位時佛為王說正法化初
中竟善淨身口意清淨微妙王心歡喜叉
手白佛須維耶離使請世尊承已許往心甚
懷懆无方留尊唯垂矜愍特受鄙請住宮三
月佛告王言衆生可傷若住三月可時當[illegible]

懐憹无方留尊唯垂矜愍特受鄙請住宮三
月佛告王言衆生可傷若住三月何時當周
衆苦厄者吾无數劫苦身求道為衆生故願
欲成佛以甘露藥施於衆生今願已成猶如
有人合和神藥欲救衆患值遇病者違其本
誓而不授與則非良醫若在江側見漂流人
不往救度非賢士宜若於曠野見失路者不
示正道是則非仁吾以大慈普愍衆生故遊
諸國縣邑村落救濟衆苦賦甘露藥无恃者
恃无歸者歸王重白佛唯垂慈恩許受二月
佛故不許王重殷勤長跪叉手垂淚白言命
難可保猶露然燈遇无常風奄忽便滅今與

言王伎[illegible]
與弟子衆許住一月世尊不忍即便許受王
便還起心悅懷敬繞佛三帀礼辭還宮勅廚
饌具百味之飯極令精好鮮甘香潔宮裏張
施繒綵幡蓋雜寶牀机綩綖座具掃除繕治
香汁灑地衆事辦畢明日時至王於正路遥
向世尊燒香長跪佛天中天聖達知時須與
聖衆迴降神光到宮設食於時世尊勅諸弟
子法服執器行詣王請佛與聖衆俱至王宮
王即盡虔華香伎樂宮門迎佛入各就座王
自行水周遍聖衆手自斟酌百味飯食鮮潔
香甘一切平等日日供養飯食臥具疾藥所
須令勅外宮治填道路種植街樹七行街路
乃至江水須息張[illegible]及林座具嚴飾幡蓋猶

乃至江水頓息帳幔及林座具嚴飾幡蓋猶
如天街更新造作五百七寶蓋 維耶離國
聞佛當至亦復平治七行階路種植行樹帳幔
林座國王大臣長者居士各從大衆出國迎
佛一月期滿佛與聖衆出宮臨路王從大衆華
香散佛周遍覆地大衆来集猶秋水長挍於
大海白明月珠挍七寶蓋王以恭敬手執奉
上以覆世尊佛與大衆尋路而行至江水 側
時王上佛五百七寶蓋大海龍王亦復敬奉
五百七寶蓋恒水諸龍亦俱上佛五百七寶蓋
時天帝釋将諸天衆亦復獻佛五百七寶蓋
時維耶離大衆迎者服飾嚴麗青馬青車青

服飾皆黑色色殊別将從无數佛還見之告
諸弟子欲知天帝出遊觀時威儀如是維耶
離國奉迎上佛五百七寶蓋各以其蓋前至
佛所各白佛言佛天中天普世覆蓋願受蓋
施佛受其施餘留一蓋時諸大衆心各懷疑
不審為是宿世積德行蓋之報海龍恒龍忉
利天帝維耶離國羅閱祇王各各奉上七寶妙
蓋同時俱會又疑何故不受一蓋於是阿難知
衆懷疑長跪叉手前白佛言唯天中天大衆
普疑今日何緣有是二千五百七寶寶蓋同
時俱至奉上世尊為是前世善本報乎今現
福耶唯願世尊決一切疑佛告阿難一心專
聽今當決除汝等所疑乃往過去无央數劫

聽今當決除汝等所疑乃往過去无央數劫
時有轉輪聖王名曰摩調晋言大夫典主四域王有
千子七寶導從王末少子見其父王七寶御
蓋還問母曰我當何時得服此蓋以自光飾
母言唯子王千子中汝最末小若无大王太
子承嗣若太子崩以次承繼展轉千人汝骨朽
腐未央得蓋重問母曰无蓋望邪因聞有
死形骸當朽宿福追逮悚然心恐惟人生世
必當有死因報母曰唯願見聽捨家學道母
甚愍傷不違其願母告之曰聽汝捨家若卿
道成要還見吾介乃相聽對曰如勑道成當
還即詣林藪除鬚髮被著法服靜處勤脩

上昇空猶如鷹王還本國宮與母相見闔宮
大小見道士神通莫不歡喜王諸綵女八万
四千共請令住道士慈仁不逆一切便受其
請諸綵女輩於宮後園爲設廬窟上宿其中
舉宮供養衣食牀卧疾藥所須朝暮礼事功
世間壯者皆老强健必病生者皆死時辟支
佛於其宮園便捨壽命舉宮綵女薪油華香
供養以礼斂骨起塔朝暮礼拜燒香然燈時
王大天巡四域還臨幸後園見有此塔顧問
侍臣何故有是綵女對曰此是聖王寂下少
子離家學道於此壽終爲立是塔因重發問
是誰之子何緣捨家便召其母而問之曰是
卿子邪對曰唯尒又復問曰何緣學道其母

卿子那對曰唯尒又復問曰何緣學道其母
白王是兒往昔見王出遊即還見問王七寶
蓋不審何時在我上旋妾便告言太子應繼
承嗣聖王展轉千子汝骨朽敗永无蓋望子
聞妾言憹然畏死求行學道妾輙聽之勤學
道成妾等請住供養盡壽建立此塔王復問
曰子以蓋故行學道那對曰如是王愍其子
不得蓋故學道盡壽生不得蓋今便以蓋覆
其塔上王因發願令以此蓋奉得道塔緣是
福報願成佛道濟度衆生生老病死王心悚然
知世非常无免死者因立太子承嗣聖位王
捨四域七寶千子八万四千後宮綵女除髮
[illegible]

所志云何王大天者豈異人乎莫造斯觀則
吾是也時以一蓋上緣覺塔緣是福報於此
地上為轉輪王不可稱數上為天王天上世
間受福无限一蓋餘福吾應於世二千五百
反為轉輪王主四天下阿難又問世尊何故
不受一蓋佛言是吾一世轉輪王福所以捨置
而不受者以此福報施後末世受吾法化
為弟子者學士學女欲令此等不乏衣食林
臥疾藥過去諸佛法沒盡時其有學道或因
恐怖或困飢窮不得行道正法沒盡其有未
世於吾法化捨家學道被服法衣稱佛為師
畜妻養子此等皆尚得人供養何況精勤脩

畜妻養子與等皆尚得人供養何況精勤脩
奉禁戒守淨行者至吾法盡不得供養羅
閱祇王勑其部界令於江上更造新橋佛與
聖衆得乘渡江維耶離國亦復造橋欲使佛
過恒水諸龍還相文編結龍為橋請佛乘度
時佛思惟若乘羅閱祇所造橋度恐維耶離
國及諸龍王心懷微恨乘維耶離所造橋度
恐阿闍世及龍懷恨欲乘龍橋恐二王有恨
佛又思惟今當分身令於三橋皆有佛過佛
垂臨橋王阿闍世與其將從數億衆生香華
離寶伎樂供養佛法聖衆王與羣臣一切大
衆數億千人五體投地自歸悔過垂泣送佛

離王恒水諸龍各自見其所作橋上佛将大眾
乘橋渡江各不知見更有佛在餘橋上獨自
見橋佛登渡江佛適渡江已竟見八万四千
餓鬼身出煙火其中未得道者見此火皆恐
怖是何大火辟如燒其大山見此大火或來
近水或遠於水向難悉知一切人意長跪叉
手白佛言佛天中天佛至尊至重天上天下
最尊一切眾生見此火者无不恐怖此何等
火願佛為一切眾生說此何等之火佛語阿
難此今餓鬼先世不逢佛亦不聞法亦不見
比丘僧亦不知世間有罪福生為餓鬼如今
見佛奔趣歸向皆為頭面著地長跪叉手白
佛言佛天中天至尊至重天上天下

比丘僧亦不知世間有罪福生為餓鬼如今
見佛奔趣歸向皆為頭面著地長跪叉手白
佛言佛天中天至尊至重天上天下憐愍一
切衆生蜎飛蠕動有形之類佛為一切衆生
之父母使我墮餓鬼佛度我我亦如一切衆
生之類佛言知餓鬼先世所種佛為一切衆
生故問餓鬼前世所種行令為餓鬼餓鬼曰
先身雖見佛不知有佛雖見法不知有法雖
見比丘僧不知有比丘僧我亦不作福教他
人亦不作福作福有何等福不作福有何種
罪見人作福言恒嘆之見人作罪意常歡喜
佛問餓鬼生此餓鬼之中以來至今更歷幾
百年歲餓鬼報言我生中七万歲佛問餓鬼

水便為鬼神龍羅刹所逐言汝先世種惡
今何以来近此江海雖值大龍普天放雨謂
呼得雨漬其身方更礫石熱沙或值炭火以
随其身佛問餓鬼生中七万歲由来飲食何
等餓鬼報佛言或有世間父母親里稱其名
字為作追福者便小得食不作福者不得飲
食諸餓鬼叉手白佛言從来飢渴佛天中天
慈愍一切衆生令賜餓鬼小飲食佛語向難
捉鉢取水用布施餓鬼向難便捉鉢取水與
餓鬼餓鬼白佛言今此一鉢水不飽一人况
乃八万四千佛語諸餓鬼八万四千捉此鉢
水至此布施佛及諸弟子諸八万四千餓鬼

BD00308　除恐災患經

水至此布施佛及諸弟子諸八万四千餓鬼
挹此鉢水長跪布施以我先世不布施今生
餓鬼中如今无所有持此鉢水布施佛及諸
弟子使諸餓鬼緣此功德遠離三惡道後所
生得師如佛无異餓鬼過水與阿難阿難挹
水與佛當一口過與千二百五十弟子各當
一口佛語諸餓鬼入大江飲水并可洗浴江
海龍鬼神遮不得洗浴飲水佛語海龍王爱
諸鬼神无極之水何以爱惜諸龍鬼神言不
惜此水以餓鬼不淨故佛語海龍王鬼神御
身自從无數劫以來亦作此身爱惜无極之
水御後還作此身以慳貪故生為餓鬼諸海
龍王鬼神聞佛言並還入海惪者哉鬼並尋

飢又飢[illegible]

手白佛言佛天中天知當来過去何時當脫
此餓鬼之身佛言以一鉢水故後當弥勒佛
出世人壽八万四千歲現諸餓鬼盡得人身
皆得向羅漢道其諸衆會聞此布施功德者
皆得正直道意諸一切餓鬼繞佛三帀作礼
而去維耶離國諸王大臣長者居士國人无
數五體作礼自投佛足歸命三寶香華伎樂
繒蓋幢幡奉迎世尊華遍處地尋路供養日
日不絶至于國城佛與聖衆天龍鬼神往于
城門以金色辟德相之手觸城門閫以梵清淨
淨八種之聲而説偈言
諸有衆生類　在土界中者　行住於地上　及虛空中者

諸有衆生類　在土界中者　行住於地上　及虛空中者
慈愛於衆生　令各安休息　晝夜勤專精　奉行衆善法
說此偈已地即為之六返大動佛便入城室
中鬼神昇空退散地行鬼神爭門競出城門
不容各各奔突崩城而出於時城中諸有不
淨廁穢臭惡下沉入地高卑相從溝坑皆平
盲視聾聽瘂語躄行狂者得正病者除愈象
馬牛畜悲鳴相和箜篌樂器不鼓自鳴宮商
調和婦女珠環相敲妙響器物風飄自然有
聲柔耎和暢妙法之音地中伏藏自然發出
一切衆生如遺熱渴得清凉水服飲澡浴泰
然蘇息舉城衆病除愈解脫亦復如是佛與
大衆便還出城[illegible]

詣[illegible]
普國疾患災疫悉除國界盡安於是才明前
礼佛足長跪叉手白世尊言前許垂愍唯願
明日與諸大衆愍衆生故迴光顧臨至舍蔬
食佛嘿聽許歡喜踊躍右繞三帀礼佛而退
歸家供辦百味飯食清淨香潔色鮮味甘嚴
飾家裏懸繒幡蓋牀座綩綖香汁灑地散華
燒香供設偹辦遥於門中長跪燒香遥白
佛言幸時降神尒時世尊勑諸弟子著衣持
鉢行詣長者才明受請即到其門才明肅恭
華香伎樂請佛入舍佛與聖衆以次就位於
時才明執持金瓶躬行澡水手自斟酌上下
平等飯食畢訖重行澡水長跪叉手前白佛

平等飲食畢訖重行澡水長跪叉手前白佛
言唯願世尊垂四等心更受三日如今之請
佛嘿便許於是才明供佛聖衆種種香潔如
其初日四日已竟以金色疊價直千万次到上
座九万價疊以次轉下末下座者万錢買疊
以為噠嚫其妻即起長跪叉手白世尊曰唯
天中天慈加人物願留神光受賤妾請更住
四日佛嘿然許其妻供養初日後日至于四日
飲食香潔等无差異四日已竟又以金色十万
價疊奉上世尊次九万疊宸下万錢時才明
子起至佛前長跪叉手白世尊言唯天中天
已受父母各四日食幸垂慈哀憐愍受我四
日之請佛亦嘿然許其子從初四日共養以

甘[illegible]如[illegible]即以金色一万[illegible]

尊次坐九万来下万錢子婦又起長跪白佛

世尊弘慈已受公姑及夫供養幸如前比復

受四日佛又嘿然受所設肴膳如前无異亦至

四日亦以金色十万貫疊次座九万下座一万

錢以爲嗟䞋居家大小於佛前坐奉受訓誨

佛爲班宣敷演四諦苦集盡道八賢聖路斷

除勞意二十二結證諦滿淺維耶離國諸王

大臣長者居士合國人民皆生心念佛来至

國爲獨以一才明故乎意皆懷嫌象馬車步

皆共来集向才明家欲壞其舍得見世尊大

衆震動響有聲佛悉預覩故問阿難外有

何聲阿難白佛維耶離王大臣長者國人臣細

何聲阿難白佛維耶離王大臣長者國人臣細
皆懷怨心世尊入國才明請歸獨固在家至
十六日餘不得見以此為嫌故集會來欲見
世尊佛告阿難出慰諸人莫賫恨意欲見佛
者便聽使入阿難宣命謂諸大衆以皆聽入
國王大臣及一切人聞佛教告怒心霍除无
餘微恨如雨奄塵便入見佛五體投地稽首佛
足大衆浩浩其舍不容在外者衆佛慈愍
化才明舍令為瑠璃表裏清徹悉通相見於是
才明為設牀座氍毹毾㲪種種食具水精瑠璃
金銀雜寶以為器物大衆食訖於是才明前
白世尊及諸貴賓居儉蔬食枉屈顧臨願以食

設大施貢遺寶器莫不周遍家中財寶豈可
貲計四部弟子及與大衆心皆懷疑長者本
明有何功德請佛大衆至十六日及王臣民
供養貢遺周遍一國得服甘露前世福祐今
世德乎阿難即知衆會心疑長跪叉手前白
佛言大會懷疑長者本明於何福田廣植德
本遺何明師受其教誨令遠影執財富无限
心明行淨先服甘露唯願世尊現說本行決
一切疑佛告阿難及諸大會一心善聽今當
解暢心之所疑往世有城名波羅柰去城不
遠山名仙居山中池水林樹華菓快樂无比
世有佛時與諸弟子遊處其中若世无佛緣

世有佛時與諸弟子遊處其中若世无佛緣
覺居中若无緣覺外學神仙則居其中初无
斷絶以是之故斯名仙居時有緣覺在山中
止早起澡漱法服持鉢出山求食未至聚落
遇暴風雨去道不遠有官果園中有園監見
有煙出道士往詣報語主人行遇風雨幸聽
入舍向火暴衣即請令入取薪然火爲暴衣
裳衣乾體㬉風雨小歇著衣欲出園監問曰
唯聖道士欲何所至荅曰賢者一切有形衣
食爲命吾捨家學乞食自存若不得食身命
不濟諸根不定不能思道園監對曰貧家蔬
食色麁味酸若垂甘受幸住勿行緣覺荅曰

辨未對曰已辨其國食法分飯別食夫語婦
曰取吾分來偶有要客欲以食之妻即念言
夫為男子當執勞役涉冒寒暑假令不食不
能執勞妾為女人在家閑處可持妾分以供
客其子又言父母年老便可自食以我分與
其子婦曰公姑及夫以許食客妾年幼壯堪
忍飢渴乞以妾分持用食客大人便言汝等
各各善心欲施可共減取衆人之分足以食
客即便各減己之飯分園監又念道士衣裳裂
壞形露因問其婦家中少有衣裳調无其妻
對曰家中唯有一領疊衣會賓應門更共衣之
餘无所有夫眷婦言以前世時无所惠施令

餘无所有夫答婦言以前世時无所惠施今
守貧賤不及遠人今者不施貧窮下賤何時
當竟富貴豪尊衣食自然者皆是前世惠施
之福今續惠施无有猒足我亦不用會客應
門改易服飾取疊并斂家屬皆往到道士所
澡手奉斂道士食訖澡漱滌鉢四人奉疊共授
緣覺即便衣之緣覺不以說法教化現道神
足之悦露衆生令發道意告主人曰以能惠施
供養道士堅强汝志發弘誓願語竟昇空結
文趺坐住立經行變現緣覺光端虛空各各
現化身出水出火水不滅火火不侵水若干變
化乘空飛行還仙居山園監眷屬歡喜踊躍又

之趣所生之處常共聚會天上世間饒富安隱
覺慧道力服甘露味如聖明師若遣明師神
德殊勝佛告大衆時園監者財才明是妻息
子婦皆是本人尒時同心施尊緣覺自是以
来九十一劫不更三塗受弘福報天上世間
室家聚會不相遠離尒時發願願服甘露覺
道得解遣殊勝師緣是之故今遭值我得遇
勝覺无限无喻今服甘露如其先師尒時大
會聞佛班宣功德報應莫不歡喜心悅意清
自歸三寶佛法聖衆嶮結除解或受五戒或
捨家學於是會中有四千人皆得道迹往来
不還无著之果无央數人發大乘意心不退

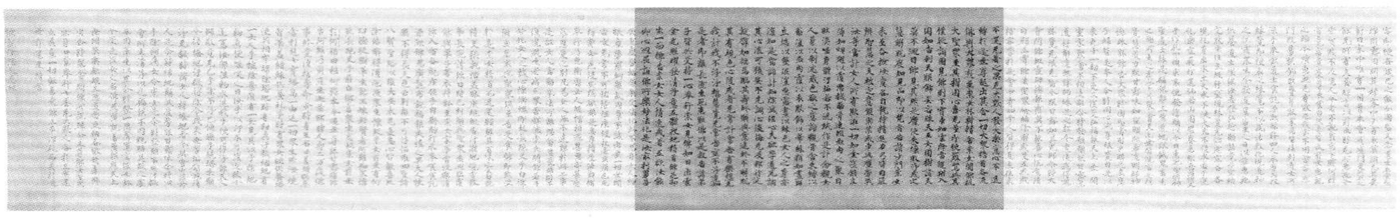

不還无著之果无央數人發大乘意心不退
轉於是世尊趣出其舍一切大衆稽首各退
佛與大衆遊至柰女林樹精舍柰女聞佛從
大聖衆至其樹園心喜无量即便嚴駕與其
僕從詣園見佛到下寶車如雲降雷趣翔入
園如吉利天服飾姿容殊天玉女園樹諸天
莫不迴目佛見其然是魔使來壞敗淨戒定
慧解脫度知見品即以梵音告諸沙門柰女
來至各撿汝意各自執持精進力弓皆自嚴
辦智慧之矢被空之意鎧乘禁戒車與魔勞戰
汝等當計女人所有欺誑一切如金塗錢皮
薄如蜱翅以覆惡穢筋骨連綴血肉之聚目

筋塗以血肉覆以衣服飾以華綵猶如畫師
立墻以墼泥塗惡露畫以綵色女人之身亦
復如是當諦計知除滅婬心夫欲學道先調
其心後可獲安不先調心後悔无及邪行迷
旋譬如擗馬臨其壽終顛與意違終不解脫
其有視色心随或者无常計常苦有樂想无
我計我不淨淨想慧覺无常苦空不淨達如
是者即離長塗生死患難佛以是教告諸弟
子皆共受持一心奉行柰女見佛如日出雲
金光照曜發清淨意五體投地稽首佛足却
坐一面佛告柰女女人情逸或著五欲汝能
御心迴屈詣佛所樂妙法化是汝宿利男子

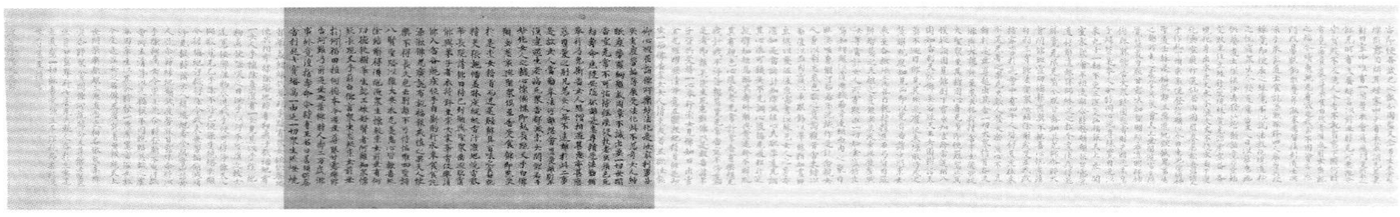

御心迴屈詣佛所樂妙法化是汝寂利男子
安重塵勞垢薄樂受法化此不為奇女人纏
眠塵勞羅網盤旋周章不識出要一切世間
皆空无常不可怙恃疾侵壯老尖顏色死
劫壽命危侵安隱欲離是患專精受法勤脩
奉行乃免斯苦女人怨憎相遇甚惡亦甚戀
慕恩愛之別凡為女人每不遠離於此二事
是故女人當勤奉法可離怨會恩愛離別不
復遭遇生老病死衆苦都滅宗女聞佛若干
妙化女人之穢心懷慚愧即起長跪叉手白佛
願垂慈哀與聖衆俱至舍受食佛即然受
於是宗女稽首而退還歸辨具百味之食甘脆
請[illegible]

佛與弟子著衣持鉢至柰女家華香伎樂請
佛入舍各就座位手自斟酌行水奉食食訖
澡漱佛為廣說布施福報戒慎之果天人快
樂不得長久危亡別離不可恃怙唯四聖諦
八賢聖路以獲大安永无憂患心皆歡喜疑
除結解得須陁洹眾生懷疑柰女前世有何
功德從樹華生端正姝好賢者阿難知眾懷
疑長跪叉手前白佛言眾生悉疑柰女前世
於何福田植何德本今遇世尊服甘露藥佛
告阿難乃前過世迦葉佛時人壽二万歲佛
事終竟復捨壽命尒時有王名曰善頭供養
舍利起七寶塔高一由延一切眾生然燈燒

舍利起七寶塔高一由延一切衆生然燈燒
香華蓋繒綵供養礼事時有衆女欲供養塔
便共相率掃除塔地時有狗糞汙穢塔地有
一女人手撤除棄復有一女見其以手除地
狗糞便唾嗤之曰汝手以汙不可復近彼女
逆罵汝弊淫物水洗我手便可得淨佛天人
師敬意无已手除不淨已便澡手繞塔求願
令掃塔地汙穢得除令我來世勞垢銷滅清
淨无穢時諸女人掃塔地者今此會中諸女
人是尒時掃地願滅塵勞服甘露味尒時以
手除狗糞女今索女是尒時發願不與汙穢
會所生清淨以是福報不因胞胎臭穢之處

令受是經如之名佛[illegible]言[illegible]報[illegible]天上
世間榮樂歡娛三惡道苦更相吞噉愁毒殃
災尒時衆會聞佛所說歸命三尊佛法聖衆
除身口意奉行十善无央數人各於三乘建
立道意一切歡喜遶佛三帀作礼而去於是
世尊還至精舍

佛說除恐災患經

BD00309A 大般若波羅蜜多經卷一八六

（唐）玄奘 譯

BD00309Av-1 勘記

BD00309Av-2 大般若波羅蜜多經卷一八六外題

108.9cm × 25.3cm

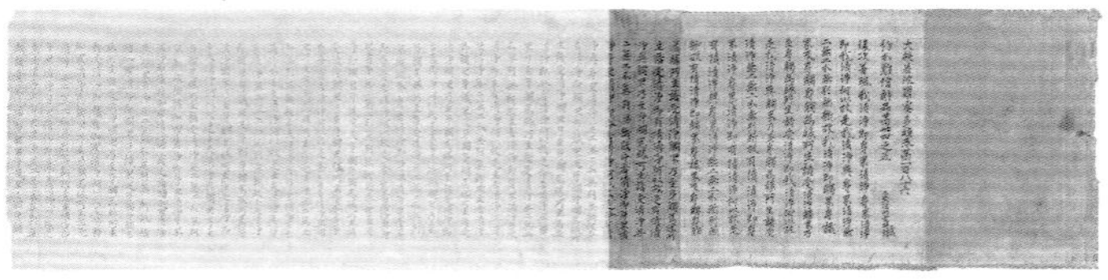

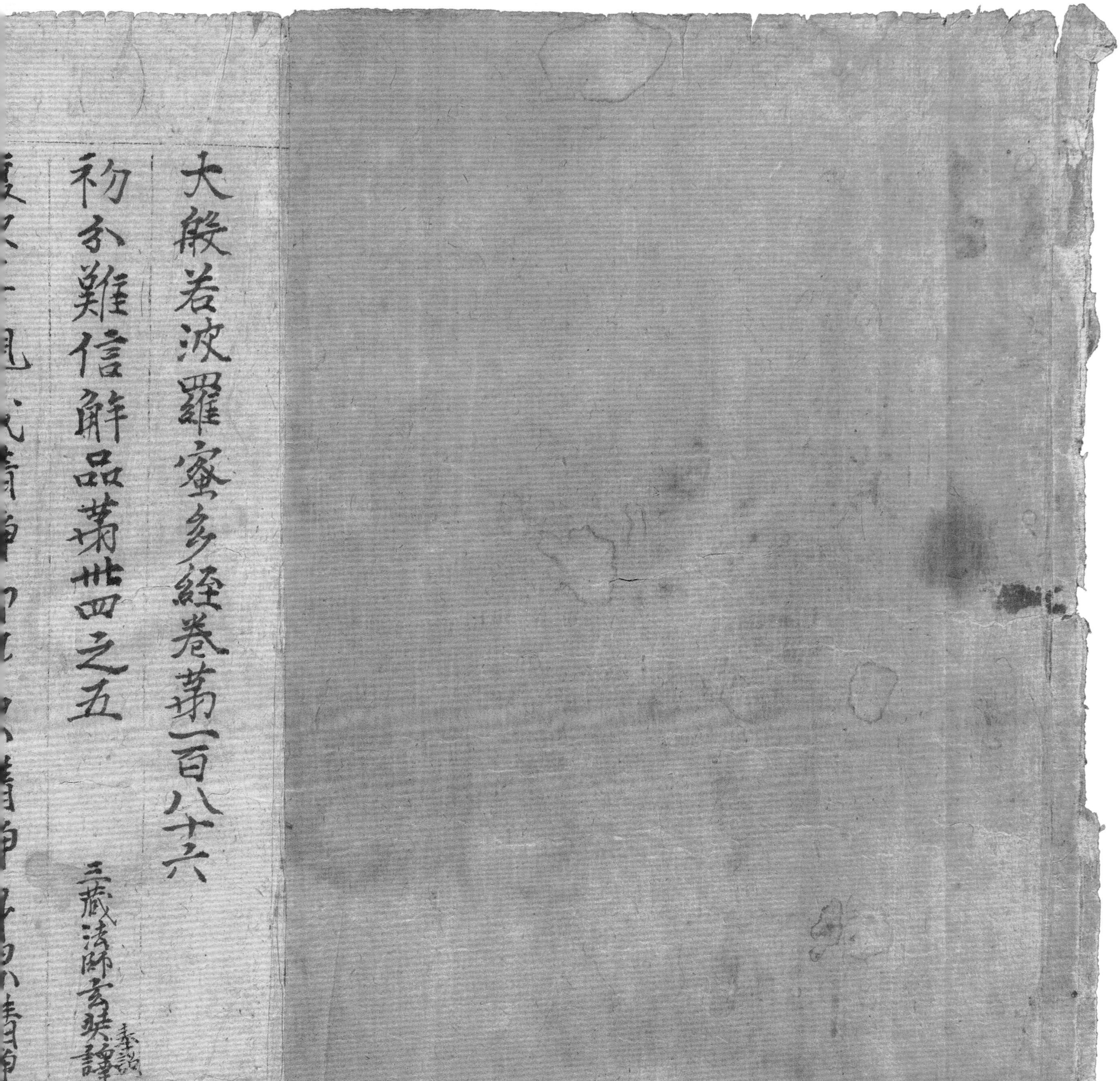
大般若波羅蜜多經卷第一百八十六
初分難信解品第卅四之五
三藏法師玄奘奉詔譯

即我清淨何以故是我清淨與身
二無二分無別無斷故我清淨即觸界身識
界及身觸身觸為緣所生諸受清淨觸界乃
至身觸為緣所生諸受清淨即我清淨何以故
是我清淨與觸界乃至身觸為緣所生諸受
清淨無二無二分無別斷故有情清淨即身
界清淨身界清淨即有情清淨何以故是
有情清淨與身界清淨無二無二分無別無
斷故有情清淨即觸界身識界及身觸身觸
為緣所生諸受清淨觸界乃至身觸為緣所
生諸受清淨即有情清淨何以故是有情清
淨與觸界乃至身觸為緣所生諸受清淨無
二無二分無別無斷故命者清淨即身界清
淨身界清淨即命者清淨何以故是命者清

BD00309A　大般若波羅蜜多經卷一八六

淨與觸界乃至身觸為緣所生諸受清淨無
二無二分無別無斷故命者清淨即身界清
淨身界清淨即命者清淨何以故是命者清
淨與身界清淨無二無二分無別無斷故命
者清淨即觸界身識界及身觸身觸為緣所
生諸受清淨觸界乃至身觸為緣所生諸受
清淨即命者清淨何以故是命者清淨與觸
界乃至身觸為緣所生諸受清淨無二無二
分無別無斷故生者清淨即身界清淨身界
清淨即生者清淨何以故是生者清淨與身
界清淨無二無二分無別無斷故生者清淨
即觸界身識界及身觸身觸為緣所生諸受
清淨觸界乃至身觸為緣所生諸受清淨即
生者清淨何以故是生者清淨與觸界乃至
身觸為緣所生諸受清淨無二無二分無別
[illegible]

界清淨無二無二分無別無斷故養育者清
淨即觸界身識界及身觸身觸為緣所生諸
受清淨觸界乃至身觸為緣所生諸受清淨
即養育者清淨何以故是養育者清淨與觸
界乃至身觸為緣所生諸受清淨無二無二
分無別無斷故士夫清淨即身界清淨身界
清淨即士夫清淨何以故是士夫清淨與身
界清淨無二無二分無別無斷故士夫清淨
即觸界身識界及身觸身觸為緣所生諸受
清淨觸界乃至身觸為緣所生諸受清淨即
士夫清淨何以故是士夫清淨與觸界乃至
身觸為緣所生諸受清淨無二無二分無別
無斷故補特伽羅清淨即身界清淨身界
清淨即補特伽羅清淨何以故是補特伽羅清淨
與身界清淨無二無二分無別無斷故補

清淨即補特伽羅清淨何以故是補特伽羅清淨
與身界清淨無二無二分無別無斷故補
特伽羅清淨即觸界身識界及身觸身觸為
緣所生諸受清淨觸界乃至身觸為緣所生
諸受清淨即補特伽羅清淨何以故是補特
伽羅清淨與觸界乃至身觸為緣所生諸受
清淨無二無二分無別無斷故意生清淨即
身界清淨身界清淨即意生清淨何以故是
意生清淨與身界清淨無二無二分無別無
斷故意生清淨即觸界身識界及觸身觸

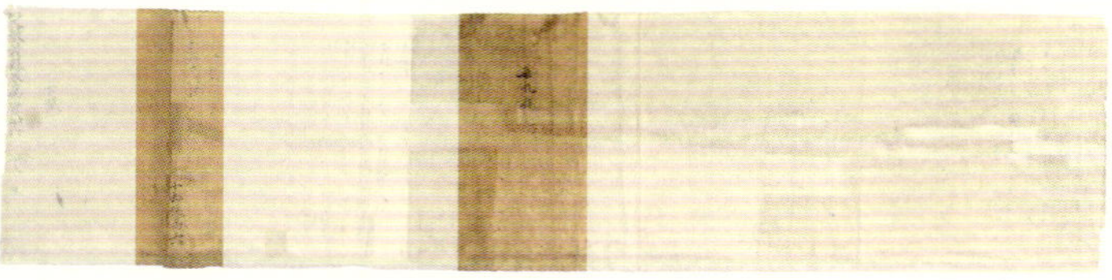

BD00309Av-1　勘記

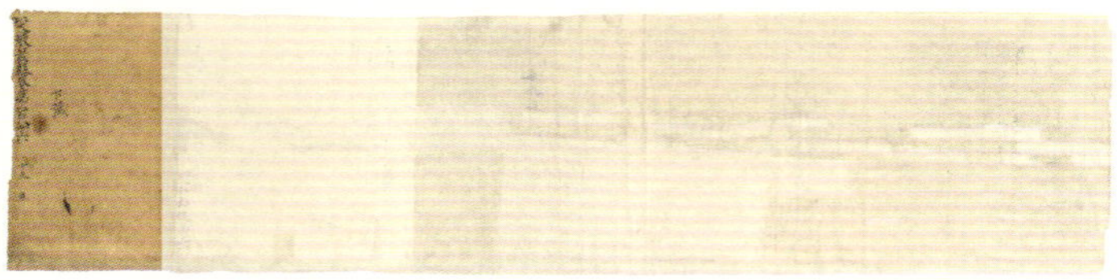

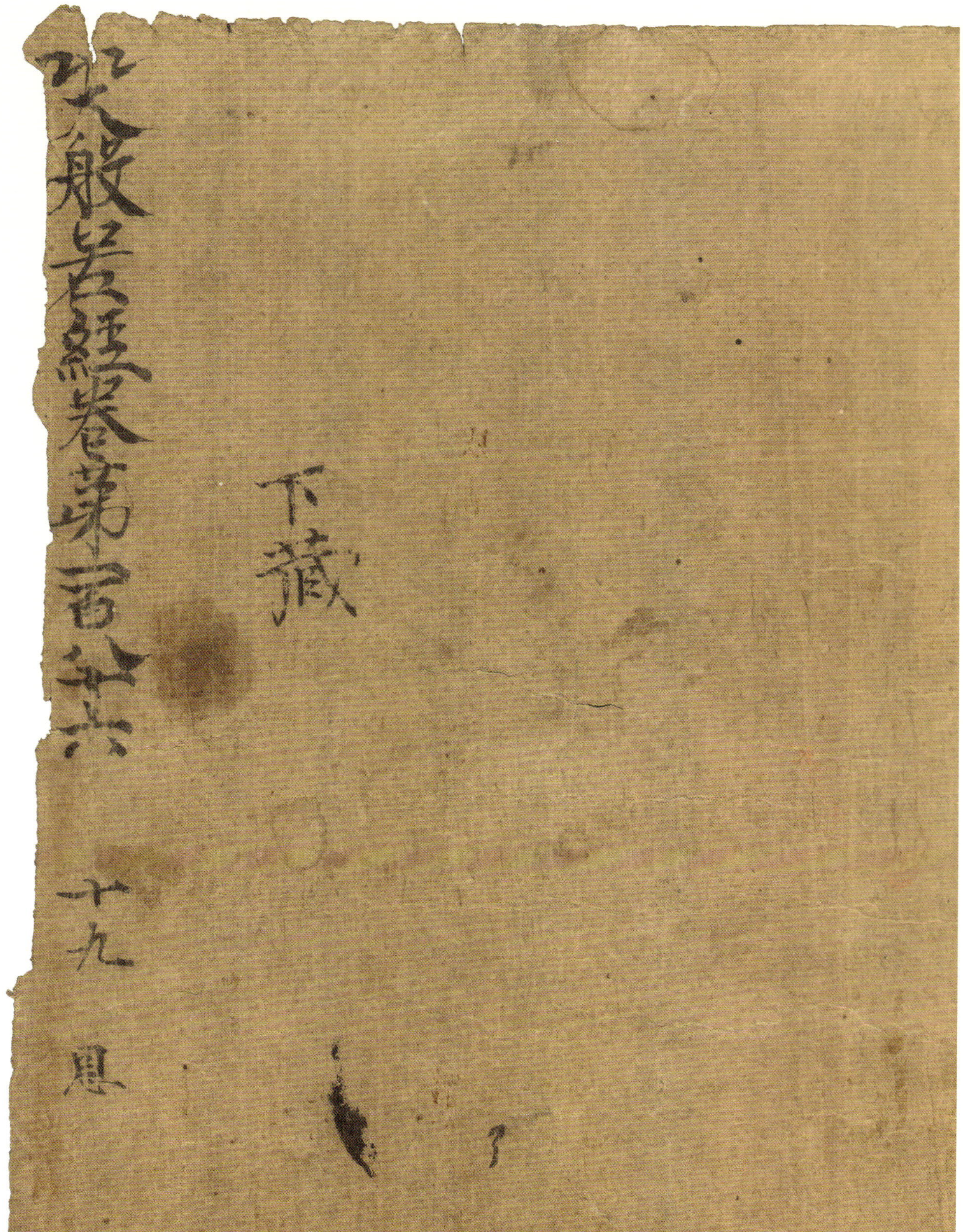

BD00309Av-2　大般若波羅蜜多經卷一八六外題

BD00309B

大般若波羅蜜多經卷二二九

（唐）玄奘 譯

BD00309Bv

題名

135.2cm×25.1cm

大般若波羅蜜多經卷第二百一十九

初分難信解品第卌四之卅八　　三藏法師玄奘奉　詔譯

善現不虛妄性清淨故五眼清淨五眼清淨
故一切智智清淨何以故若不虛妄性清淨
若五眼清淨若一切智智清淨無二無二分
無別無斷故不虛妄性清淨故六神通清淨
六神通清淨故一切智智清淨何以故若不
虛妄性清淨若六神通清淨若一切智智清
淨無二無二分無別無斷故善現不虛妄性
清淨故佛十力清淨佛十力清淨故一切智
智清淨何以故若不虛妄性清淨若佛十力
清淨若一切智智清淨無二無二分無別無

無所畏乃至十八佛不共法清淨故一切智
智清淨何以故若不虛妄性清淨若四無所
畏乃至十八佛不共法清淨若一切智智清
淨无二无二分无別无斷故善現不虛妄性
清淨故无忘失法清淨无忘失法清淨故一
切智智清淨何以故若不虛忘性清淨若无
忘失法清淨若一切智智清淨无二无二分
无別无斷故不虛忘性清淨故恒住捨性清
淨恒住捨性清淨故一切智智清淨何以故
若不虛忘性清淨若恒住捨性清淨若一切
智智清淨無二無二分无別无斷故善現不
虛妄性清淨故一切智清淨一切智清淨故
一切智智清淨何以故若不虛忘性清淨若
一切智清淨若一切智智清淨无二无二分

一切智清淨若一切智智清淨无二无二分
無別無斷故不虛忘性清淨故道相智一切
相智清淨道相智一切相智清淨故一切智
智清淨何以故若不虛忘性清淨若道相智
一切相智清淨若一切智智清淨无二无二
分無別無斷故善現不虛忘性清淨故一切
陁羅尼門清淨一切陁羅尼門清淨故一切
智智清淨何以故若不虛妄性清淨若一切
陁羅尼門清淨若一切智智清淨无二无二
分无別无斷故不虛妄性清淨故一切三摩
地門清淨一切三摩地門清淨故一切智智
清淨何以故若不虛妄性清淨若一切三摩
地門清淨若一切智智清淨无二无二分无
別无斷故

清淨若預流果清淨若一切智智清淨无二
无二分无別无斷故不虛妄性清淨故一來
不還阿羅漢果清淨一來不還阿羅漢果清
淨故一切智智清淨何以故若不虛妄性 清
淨若一來不還阿羅漢果清淨若一切智智
清淨无二无二分无別无斷故善現不虛妄
性清淨故獨覺菩提清淨獨覺菩提清淨故
一切智智清淨何以故若不虛妄性清淨若
獨覺菩提清淨若一切智智清淨无二无二
分无別无斷故善現不虛妄性清淨故一切
菩薩摩訶薩行清淨一切菩薩摩訶薩行清
淨故一切智智清淨何以故若不虛妄性 清
淨若一切菩薩摩訶薩行清淨若一切智智
清淨無二無二分無別無斷故善現不 虛 妄

清淨無二無二分無別無斷故善現不虛妄
性清淨故諸佛無上正等菩提清淨諸佛无
上正等菩提清淨故一切智智清淨何以故
若不虛妄性清淨若諸佛無上正等菩提清
淨若一切智智清淨無二無二分無別無斷
故
復次善現不變異性清淨故色清淨色清淨
故一切智智清淨何以故若不變異性清淨
若色清淨若一切智智清淨無二無二分無
別無斷故不變異性清淨故受想行識清淨
受想行識清淨故一切智智清淨何以故若
不變異性清淨若受想行識清淨若一切智
智清淨無二無二分無別無斷故善現不變
異性清淨故眼處清淨眼處清淨故一切智
淨何以故若不變異性清淨若眼處清

淨若一切智智清淨无二无二分无別无斷
故不變異性清淨故耳鼻舌身意處清淨耳
鼻舌身意處清淨故一切智智清淨何以故
若不變異性清淨若耳鼻舌身意處清淨若
一切智智清淨无二无二分无別无斷故
善現不變異性清淨故色處清淨色處清淨
故一切智智清淨何以故若不變異性清淨
若色處清淨若一切智智清淨无二无二分
无別无斷故不變異性清淨故聲香味觸法
處清淨聲香味觸法處清淨故一切智智清
淨何以故若不變異性清淨若聲香味觸法

BD00309Bv　題名

BD00310　妙法蓮華經卷三

（後秦）鳩摩羅什　譯

443.5cm × 27.6cm

藥草喻品第五
尊告摩訶迦葉及諸
善哉善說如來真實功德誠如所言如來
有无量无邊阿僧祇功德汝等若於
劫說不能盡迦葉
所說皆不虛也於
之其所說法皆悉到
一切諸法之所歸趣亦知一
所行通達无㝵又於諸法究盡明
切智慧迦葉譬如三千大千世
界山川谿谷土地所生卉木叢林及諸藥草
種類若干名色各異密雲彌布遍覆三千大
千世界一時等澍其澤普洽卉木叢林及諸

[莖小枝小葉中根中莖中枝中]
葉大根大莖大枝大葉諸樹大小隨上中下
各有所受一雲所雨稱其種性而得生長華
菓敷實雖一地所生一雨所潤而諸草木各
有差別迦葉當知如来亦復如是出現於世
如大雲起以大音聲普遍世界天人阿脩羅
如彼大雲遍覆三千大千國土於大衆中而
唱是言我是如来應供正遍知明行足善逝
世間解无上士調御丈夫天人師佛世尊未
度者令度未解者令解未安者令安未涅槃
者令得涅槃今世後世如實知之我是一切
知者一切見者知道者開道者說道者汝等
天人阿脩羅衆皆應到此爲聽法故
尒時无數千万億種衆生来至佛所而聽法如

BD00310　妙法蓮華經卷三

尒時无數千万億種衆生来至佛所而聽法如
来于時觀是衆生諸根利鈍精進懈怠隨
其所堪而為説法種種无量皆令歡喜快得善
利是諸衆生聞是法已現世安隱後生善處
以道受樂亦得聞法既聞法已離諸鄣㝵於
諸法中任力所能漸得入道如彼大雲雨於
一切卉木叢林及諸藥草如其種性具足蒙
潤各得生長如来説法一相一味所謂解脫
相離相滅相究竟至於一切種智其有衆生
聞如来法若持讀誦如説脩行所得功德不
自覺知所以者何唯有如来知此衆生種相
體性念何事思何事脩何事云何念云何思
云何脩以何法念以何法思以何法脩以何
法得何法衆

實見之明了無礙如彼卉木叢林諸藥草等
而不自知上中下性如來知是一相一味之
法所謂解脫相離相滅相究竟涅槃常寂滅
相終歸於空佛知是已觀眾生心欲而將護
之是故不即為說一切種智汝等迦葉甚為
希有能知如來隨宜說法能信能受所以者
何諸佛世尊隨宜說法難解難知尒時世尊
欲重宣此義而說偈言
破有法王　出現世間　隨眾生欲　種種說法
如來尊重　智慧深遠　久默斯要　不務速說
有智若聞　則能信解　无智疑悔　則為永失
是故迦葉　隨力為說　以種種緣　令得正見
迦葉當知　譬如大雲　起於世間　遍覆一切
慧雲含潤　電光晃曜　雷聲遠震　令眾悅豫

迦葉當知 譬如大雲 起於世間 遍覆一切
慧雲含潤 電光晃曜 雷聲遠震 令衆悅豫
日光掩蔽 地上清涼 靉靆垂布 如可承攬
其雨普等 四方俱下 流澍无量 率土充洽
山川嶮谷 幽邃所生 卉木藥草 大小諸樹
百穀苗稼 甘蔗蒲桃 雨之所潤 无不豐足
乾地普洽 藥木並茂 其雲所出 一味之水
草木叢林 隨分受潤 一切諸樹 上中下等
稱其大小 各得生長 根莖枝葉 華菓光色
一雨所及 皆得鮮澤 如其體相 性分大小
所潤是一 而各滋茂
佛亦如是 出現於世 譬如大雲 普覆一切
既出于世 為諸衆生 分別演說 諸法之實

我為如来 兩足之尊 出于世間 猶如大雲
充潤一切 枯槁衆生 皆令離苦 得安隱樂
世間之樂 及涅槃樂 諸天人衆 一心善聽
皆應到此 覲无上尊
我為世尊 无能及者 安隱衆生 故現於世
為大衆說 甘露淨法 其法一味 觧脫涅槃
以一妙音 演暢斯義 常為大乘 而作因緣
我觀一切 普皆平等 无有彼此 愛憎之心
我无貪著 亦无限㝵 恒為一切 平等說法
如為一人 衆多亦然 常演說法 曾无他事
去来坐立 終不疲猒 充足世間 如雨普潤
貴賤上下 持戒毀戒 威儀具足 及不具足
正見耶見 利根鈍根 等雨法雨 而不懈惓
一切衆生 聞我法者 隨力所受 住於諸地

正見耶見 利根鈍根 等雨法雨 而无懈惓
一切衆生 聞我法者 隨力所受 住扵諸地
或處人天 轉輪聖王 釋梵諸王 是小藥草
知无漏法 能得涅槃 起六神通 及得三明
獨處山林 常行禪定 得緣覺證 是中藥草
求世尊處 我當作佛 行精進定 是上藥草
又諸佛子 專心佛道 常行慈悲 自知作佛
決定无疑 是名小樹 安住神通 轉不退轉
度无量億 百千衆生 如是菩薩 名爲大樹
佛平等說 如一味雨 隨衆生性 所受不同
如彼草木 所稟各異
佛以此喻 方便開示 種種言辭 演說一法
扵佛智慧 如海一渧 我雨法雨 充滿世間
一味之法 隨力脩行 如彼叢林 藥草諸樹

隨其大小　漸增茂好　諸佛之法　常以一味
令諸世間　普得具足　漸次脩行　皆得道果
聲聞緣覺　處於山林　住冣後身　聞法得果
是名藥草　各得增長　若諸菩薩　智慧堅固
了達三界　求冣上乘　是名小樹　而得增長
復有住禪　得神通力　聞諸法空　心大歡喜
放无數光　度諸衆生　是名大樹　而得增長
如是迦葉　佛所說法　譬如大雲　以一味雨
潤於人華　各得成實　迦葉當知　以諸因緣
種種譬喻　開示佛道　是我方便　諸佛亦然
今為汝等　說冣實事　諸聲聞衆　皆非滅度
汝等所行　是菩薩道　漸漸脩學　悉當成佛

妙法蓮華經授記品第六

尒時世尊說是偈已告諸大衆唱如是言我

妙法蓮華經授記品第六
尒時世尊說是偈已告諸大衆唱如是言我
此弟子摩訶迦葉於未來世當得奉覲三百
万億諸佛世尊供養恭敬尊重讚歎廣宣說
佛无量大法於冣後身得成爲佛名曰光明
如來應供正遍知明行足善逝世間解无上
士調御丈夫天人師佛世尊國名光德劫名
大莊嚴佛壽十二小劫正法住世廿小劫像
法亦住廿小劫國界嚴餝无諸穢惡瓦礫荊
棘便利不淨其土平正无有高下坑坎堆阜
瑠璃爲地寶樹行列黃金爲繩以界道側散
諸寶華周遍清淨其國菩薩无量千億諸聲
聞衆亦復无數无有魔事雖有魔及魔民
[illegible]

過无數劫　當得作佛　而於來世　供養奉覲
三百万億　諸佛世尊　為佛智慧　淨脩梵行
供養冣上　二足尊已　脩習一切　无上之慧
於冣後身　得成為佛　其土清淨　瑠璃為地
多諸寶樹　行列道側　金繩界道　見者歡喜
常出好香　散衆名華　種種奇妙　以為莊嚴
其地平正　无有丘坑　諸菩薩衆　不可稱計
其心調柔　逮大神通　奉持諸佛　大乘經典
諸聲聞衆　无漏後身　法王之子　亦不可計
乃以天眼　不能數知　其佛當壽　十二小劫
正法住世　二十小劫　像法亦住　二十小劫
光明世尊　其事如是
尒時大目揵連須菩提摩訶迦旃延等皆悉

光明世尊　其事如是
尒時大目揵連須菩提摩訶迦旃延等皆悉
悚慄一心合掌瞻仰尊顔目不暫捨即共同
聲而說偈言
大雄猛世尊　諸釋之法王　哀愍我等故　而賜佛音聲
若知我深心　見為授記者　如以甘露灑　除熱得清淨
如從飢國來　忽遇大王膳　心猶懷疑懼　未敢即便食
若復得王教　然後乃敢食　我等亦如是　每惟小乘過
不知當云何　得佛无上慧　雖聞佛音聲　言我等作佛
心尚懷憂懼　如未敢便食　若蒙佛授記　尒乃快安樂
大雄猛世尊　常欲安世間　願賜我等記　如飢須教食
尒時世尊知諸大弟子心之所念告諸比丘
是須菩提於當來世奉覲三百万億那由他
佛供養恭敬尊重讚歎常修梵行具菩薩道

道於最後身得成為佛号曰名相如來應供
遍知明行足善逝世間解无上士調御丈夫
天人師佛世尊劫名有寶國名寶生其土平
正頗梨為地寶樹莊嚴无諸丘坑沙礫荊棘
便利之穢寶華覆地周遍清淨其土人民皆
處寶臺珎妙樓閣聲聞弟子无量无邊筭數
譬喻所不能知諸菩薩眾无數千万億那由
他佛壽十二小劫正法住世二十小劫像法
亦住二十小劫其佛常處虛空為眾說法度
脫无量菩薩及聲聞眾尒時世尊欲重宣此
義而說偈言

諸比丘眾　今告汝等　皆當一心　聽我所說
我大弟子　須菩提者　當得作佛　号曰名相
當供无數　万億諸佛　隨佛所行　漸具大道

我大弟子　須菩提者　當得作佛　號曰名相
當供无數　万億諸佛　隨佛所行　漸具大道
最後身得　三十二相　端正殊妙　猶如寶山
其佛國土　嚴淨第一　衆生見者　无不愛樂
佛於其中　度无量衆　其佛法中　多諸菩薩
皆悉利根　轉不退輪　彼國常以　菩薩莊嚴
諸聲聞衆　不可稱數　皆得三明　具六神通
住八解脫　有大威德　其佛說法　現於无量
神通變化　不可思議　諸天人民　數如恒沙
皆共合掌　聽受佛語　其佛當壽　十二小劫
正法住世　二十小劫　像法亦住　二十小劫
尒時世尊復告諸比丘衆我今語汝是大迦
旃延於當來世以諸供具供養奉事八千億
佛恭敬尊重諸佛滅後各起塔廟高千由旬

縱廣正等五百由旬以金銀琉璃車璖馬瑙
真珠玫瑰七寶合成衆華瓔珞塗香末香燒
香繒蓋幢幡供養塔廟過是已後當復供養
二万億佛亦復如是供養是諸佛已具菩薩
道當得作佛号曰閻浮那提金光如來應供
正遍知明行足善逝世間解无上士調御丈
夫天人師佛世尊其土平正頗梨爲地寶樹
莊嚴黄金爲繩以界道側妙華覆地周遍清
淨見者歡喜无四惡道地獄餓鬼畜生阿脩
羅道多有天人諸聲聞衆及諸菩薩无量万
億莊嚴其國佛壽十二小劫正法住世二十
小劫像法亦住二十小劫尒時世尊欲重宣
此義而說偈言
諸比丘衆　皆一心聽　如我所說　真實无異

此義而說偈言
諸比丘衆　皆一心聽　如我所說　真實无異
是迦旃延　當以種種　妙好供具　供養諸佛
諸佛滅後　起七寶塔　亦以華香　供養舍利
其最後身　得佛智慧　成等正覺　國土清淨
度脫无量　万億衆生　皆爲十方　之所供養
佛之光明　无能勝者　其佛號曰　閻浮金光
菩薩聲聞　斷一切有　无量无數　莊嚴其國
尒時世尊復告大衆我今語汝是大目揵連
當以種種供具供養八千諸佛恭敬尊重諸
佛滅後各起塔廟高千由旬縱廣正等五百
由旬以金銀琉璃車渠馬瑙真珠玫瑰七寶
合成衆華瓔珞塗香末香燒香繒蓋幢幡以
用供養過是已後當復供養二百万億諸佛

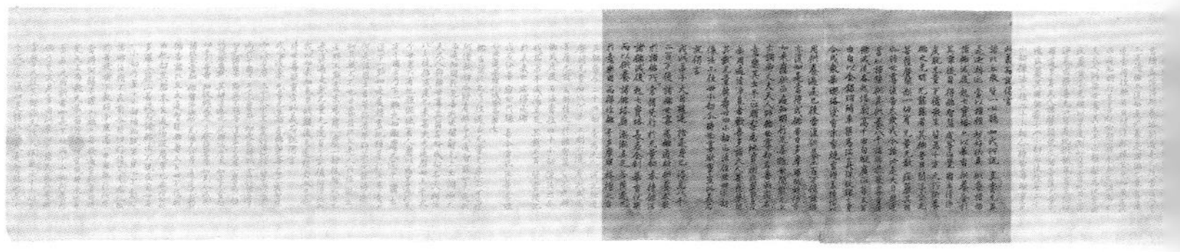

亦復如是當得成佛号曰多摩羅跋旃檀香
如来應供正遍知明行足善逝世間解无上
士調御丈夫天人師佛世尊劫名喜滿國名
意樂其土平正頗梨為地寶樹莊嚴散真珠
華周遍清淨見者歡喜多諸天人菩薩聲聞
其數无量佛壽廿四小劫正法住世卌小劫
像法亦住世卌小劫尒時世尊欲重宣此義而
說偈言
我此弟子　大目揵連　捨是身已　得見八千
二百万億　諸佛世尊　為佛道故　供養恭敬
於諸佛所　常脩梵行　於无量劫　奉持佛法
諸佛滅後　起七寶塔　長表金剎　華香伎樂
而以供養　諸佛塔廟　漸漸具足　菩薩道已
於意樂國　而得作佛　号多摩羅　旃檀之香

於意樂國　而得作佛　号多摩羅　旃檀之香
其佛壽命　二十四劫　常為天人　演說佛道
聲聞无量　如恒河沙　三明六通　有大威德
菩薩无數　志固精進　於佛智慧　皆不退轉
佛滅度後　正法當住　四十小劫　像法亦尒
我諸弟子　威德具足　其數五百　皆當授記
於未來世　咸得成佛
我及汝等　宿世因緣　吾今當說　汝等善聽

妙法蓮華經化城喻品第七

佛告諸比丘乃往過去无量无邊不可思議
阿僧祇劫尒時有佛名大通智勝如來應供
正遍知明行足善逝世間解无上士調御丈
夫天人師佛世尊其國名好成劫名大相諸
比丘彼佛滅度已來甚大久遠譬如三千大

……磨以為墨過於東
方千國土乃下一點大如微塵又過千國土
復下一點如是展轉盡地種墨於汝等意云
何是諸國土若筭師若筭師弟子能得邊際
知其數不不也世尊諸比丘是人所經國土
若點不點盡末為塵一塵一劫彼佛滅度已
來復過是數无量无邊百千万億阿僧祇劫
我以如來知見力故觀彼久遠猶若今日尒
時世尊欲重宣此義而說偈言
我念過去世　无量无邊劫　有佛兩足尊　名大通智勝
如人以力磨　三千大千土　盡此諸地種　皆悉以為墨
過於千國土　乃下一塵點　如是展轉點　盡此諸塵墨
如是諸國土　點與不點等　復盡末為塵　一塵為一劫
此諸微塵數　其劫復過是　彼佛滅度來　如是无量劫

此諸微塵數 其劫復過是 彼佛滅度來 如是无量劫
如來无㝵智 知彼佛滅度 及聲聞菩薩 如見今滅度
諸比丘當知 佛智淨微妙 无漏无所㝵 通達无數劫
佛告諸比丘大通智勝佛壽五百卌万億那
由他劫其佛本坐道場破魔軍已垂得阿耨
多羅三藐三菩提而諸佛法不現在前如是
一小劫乃至十小劫結跏趺坐身心不動而
諸佛法猶不在前尒時忉利諸天先為彼佛
於菩提樹下敷師子座高一由旬佛於此座
當得阿耨多羅三藐三菩提適坐此座時諸
梵天王雨衆天華面百由旬香風時來吹去
萎華更雨新者如是不絶滿十小劫供養於
佛乃至滅度常雨此華四王諸天為供養佛
常擊天鼓其餘諸天作天伎樂滿十小劫

圖書在版編目（CIP）數據

中國國家圖書館藏敦煌文獻．第二二册／中國國家圖書館編．—北京：國家圖書館出版社，2023.12
ISBN 978-7-5013-7897-5

Ⅰ．①中… Ⅱ．①中… Ⅲ．①敦煌學—文獻 Ⅳ．①K870.6

中國國家版本館CIP數據核字（2023）第217267號

書　　名	中國國家圖書館藏敦煌文獻・第二二册
著　　者	中國國家圖書館　編
項目統籌	魏　崇　殷夢霞
責任編輯	黄　鑫　程鲁潔　潘　竹　苗文葉
責任校對	劉　倩　王　衡
出版發行	國家圖書館出版社（北京市西城區文津街7號　100034） （原書目文獻出版社　北京圖書館出版社） 010-66114536　63802249　nlcpress@nlc.cn（郵購）
網　　址	http://www.nlcpress.com
排版印裝	天津裕同印刷有限公司
版次印次	2023年12月第1版　2023年12月第1次印刷
開　　本	787×1092　1/8
印　　張	43
書　　號	ISBN 978-7-5013-7897-5
定　　價	2800.00圓